AF494787

MINISTÈRE DE L'INSTRUCTION PUBLIQUE.

RÈGLEMENT ET INSTRUCTION

SUR

LA COMPTABILITÉ DES FACULTÉS

ET

DES ÉTABLISSEMENTS D'ENSEIGNEMENT SUPÉRIEUR ASSIMILÉS.

PARIS.

IMPRIMERIE NATIONALE.

M DCCC XC.

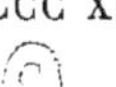

DÉCRET

snr la Comptabilité des Facultés et des établissements d'enseignement supérieur assimilés.

Le Président de la République française,

Sur le rapport du Ministre de l'Instruction publique et des Beaux-Arts et du Ministre des Finances;

Vu la loi du 21 germinal an XI et l'ordonnance du 27 septembre 1840 ;

Vu la loi du 20 décembre 1879;

Vu le décret en date du 25 juillet 1885 portant règlement d'administration publique pour l'acceptation et l'emploi des dons et legs faits en faveur des Facultés et Écoles d'enseignement supérieur;

Vu le décret en date du même jour concernant l'administration et la gestion des fonds provenant des legs, dons et subventions acceptés par les Facultés et Écoles d'enseignement supérieur ;

Vu l'article 51 de la loi de finances du 17 juillet 1889, ainsi conçu :

« A dater du 1er janvier 1890, il sera fait recette au budget spécial de chaque Faculté, concurremment avec les ressources propres de l'établissement, des crédits ouverts aux chapitres 7 et 8 pour le matériel des Facultés. »

« Un règlement d'administration publique déterminera les règles relatives aux budgets et aux comptes spéciaux des Facultés. »

Le Conseil d'État entendu,

Décrète :

ARTICLE PREMIER.

Il est établi pour chaque Faculté et pour chacun des établissements assimilés, qui comprennent les Écoles supérieures de pharmacie et les Écoles créées à Alger par la loi du 20 décembre 1879, un budget auquel sont inscrits :

EN RECETTES :

A. — *Recettes ordinaires.*

1° Les revenus des biens meubles et immeubles;

2° Le produit des publications;

3° Le produit des opérations qui peuvent être autorisées par le Ministre de l'Instruction publique dans les laboratoires pour le compte des particuliers, et dont la dépense doit être remboursée conformément aux conditions déterminées par le Conseil de la Faculté ou de l'établissement assimilé;

4° Les subventions des particuliers, des communes et des départements;

5° Les subventions de l'État pour les dépenses du matériel;

6° Les restes disponibles des exercices précédents.

B. — *Recettes extraordinaires.*

7° Le produit des dons et legs;

8° Le produit du remboursement des rentes et de l'aliénation des biens meubles et immeubles;

9° Le produit de l'aliénation faite, après autorisation du Recteur, des objets mobiliers hors d'usage;

10° Le produit de l'aliénation faite, après autorisation du Ministre de l'Instruction publique, des objets de collection;

11° Le produit des emprunts contractés après autorisation du Ministre de l'Instruction publique;

12° Les recettes accidentelles et imprévues.

EN DÉPENSES :

A. — *Dépenses ordinaires.*

1° Les dépenses de personnel imputables sur les dons et legs ou sur les subventions des particuliers, des communes et des départements;

2° Les bourses payées à l'aide des mêmes ressources;

3° L'entretien des bâtiments;

4° L'entretien du mobilier;

5° L'éclairage et le chauffage;

6° Les impressions et frais de bureau;

7° Les frais matériels des examens;

8° L'entretien et l'accroissement des collections;

9° Les frais de cours et de laboratoire;

10° Les frais de travaux pratiques des étudiants;

11° Les frais des publications;

12° Les frais des opérations autorisées dans les laboratoires pour le compte des particuliers;

13° Les acquisitions et allocations pour prix et médailles;

14° La rétribution de l'agent comptable;

15° Les dépenses diverses ou imprévues;

16° Les dépenses nécessaires pour assurer le service des emprunts;

17° Les dépenses restant à payer sur l'exercice précédent.

B. — *Dépenses extraordinaires.*

18° Les placements de fonds et les acquisitions d'immeubles;

19° Les frais de procédure;

20° Les dépenses temporaires et accidentelles imputées sur les recettes extraordinaires.

ART. 2.

Le budget des Facultés et des établissements assimilés est préparé par le doyen ou directeur; il est arrêté par le Ministre de l'Instruction publique après avis du Conseil de la Faculté et du Conseil général des Facultés.

ART. 3.

Le budget de la bibliothèque universitaire est préparé par le Recteur et arrêté par le Ministre de l'Instruction publique, après avis du Conseil général des Facultés. Il est rattaché pour ordre au budget de la Faculté ou de l'établissement assimilé désigné par le Ministre de l'Instruction publique.

ART. 4.

Les crédits supplémentaires ou extraordinaires, quelle que soit la provenance des ressources permettant d'y faire face, sont ouverts dans les formes prévues par les articles 2 et 3 pour le vote du budget.

ART. 5.

Le doyen ou directeur est ordonnateur des dépenses.

Il ordonnance les payements dans la limite des crédits ouverts au budget.

Aucune dépense ne peut être acquittée que sur un mandat délivré par lui.

ART. 6.

Les mandats font connaître l'exercice, la décision ministérielle qui a ouvert le crédit, la quotité de la dépense et l'article du budget auquel elle se rattache; mention y est faite des pièces justificatives à produire par les parties prenantes, conformément à la nomenclature et d'après les règles fixées par le règlement des dépenses du Ministère de l'Instruction publique.

ART. 7.

Le doyen ou directeur passe les marchés et adjudications dans les formes et dans les conditions prescrites par le décret du 18 novembre 1882.

ART. 8.

La durée de la période pendant laquelle doivent se consommer tous les faits de recettes et de dépenses de chaque exercice se prolonge :

1° Jusqu'au 28 février de la seconde année pour la liquidation et l'ordonnancement des sommes dues aux créanciers ;

2° Jusqu'au 31 mars de cette seconde année pour compléter les opérations relatives au recouvrement des produits et au payement des dépenses.

Dans le courant du mois d'avril, les sommes à reporter en recettes et en dépenses à l'exercice courant font l'objet d'un état préparé dans les mêmes formes que celles indiquées par les articles 2 et 3 pour le vote du budget et soumis à l'approbation du Ministre de l'Instruction publique.

ART. 9.

Toutes les opérations en recettes et en dépenses du budget de chaque Faculté et de chaque établissement assimilé sont effectuées par un agent comptable désigné conformément à l'article 13.

ART. 10.

Les recettes sont recouvrées par l'agent comptable, au compte de la Faculté ou de l'établissement assimilé, en vertu de titres de perception délivrés par le doyen ou directeur, et dans les conditions déterminées par l'arrêté du 19 vendémiaire an XII.

La subvention de l'État est ordonnancée par le Ministre au nom de l'agent comptable et portée en recette au budget.

ART. 11.

Un compte d'administration est rendu chaque année, avant le 1er mai, par le doyen ou directeur.

Ce compte est approuvé par le Ministre de l'Instruction publique, après avis du Conseil de la Faculté ou de l'établissement assimilé et du Conseil général des Facultés.

Il est transmis à la Cour des comptes.

ART. 12.

Le compte de gestion de chaque Faculté et de chaque établissement assimilé, établi par l'agent comptable, est jugé par la Cour des comptes. Ce compte doit être adressé avant le 1er juillet de la seconde année de l'exercice.

A ce compte est joint un état des propriétés foncières, des rentes et créances composant l'actif de la Faculté.

ART. 13.

Un arrêté ministériel concerté entre le Ministre des Finances et le Ministre de l'Instruction publique et des Beaux-Arts désignera les agents comptables des Facultés et établissements assimilés et déterminera les rétributions qui leur seront allouées.

ART. 14.

Il est publié chaque année au *Journal officiel* un état indiquant, par article du budget, les recettes et les dépenses de chaque Faculté et de chaque établissement assimilé.

ART. 15.

Sont abrogées toutes les dispositions antérieures contraires au présent décret.

ART. 16.

Le Ministre de l'Instruction publique et des Beaux Arts et le Ministre des

Finances sont chargés, chacun en ce qui le concerne, de l'exécution du présent décret, qui sera inséré au *Journal officiel* et au *Bulletin des lois*.

Fait à Paris, le 22 février 1890.

CARNOT.

Par le Président de la République :

Le Ministre de l'Instruction publique et des Beaux-Arts,
A. FALLIÈRES.

Le Ministre des Financ[es]
ROUVIER.

CIRCULAIRE AUX RECTEURS.

Paris, le 22 février 1890.

Monsieur le Recteur, depuis plusieurs années, les efforts constants de mon administration ont tendu à faire des Facultés des corps doués d'une vie propre, et gérant elles-mêmes leurs intérêts sous le contrôle de l'État. Un décret du 25 juillet 1885 a remis en lumière la personnalité civile qu'elles avaient toujours possédée et a déterminé les conditions dans lesquelles elles pourraient recevoir des libéralités entre vifs ou des libéralités testamentaires. Un autre décret du même jour leur a permis de recevoir, en outre des dons et legs, des subventions des particuliers, des communes et des départements. Un nouveau pas dans cette voie a été fait récemment par la loi de finances du 17 juillet dernier.

L'article 51 de cette loi est en effet ainsi conçu :

« A dater du 1er janvier 1890, il sera fait recette au budget spécial de chaque Faculté, concurremment avec les ressources propres de l'établissement, des crédits ouverts aux chapitres 7 et 8 pour le matériel des Facultés. »

« Un règlement d'administration publique déterminera les règles relatives aux budgets et aux comptes spéciaux des Facultés. »

Cette disposition, d'une portée considérable, achève de constituer les Facultés à l'état d'établissements publics.

J'ai l'honneur de vous adresser un décret en date de ce jour, rendu, après avis du Conseil d'État, pour l'exécution immédiate de l'article 51 de la loi de finances du 17 juillet 1889.

Je ne reviendrai pas sur les principes dont le législateur s'est inspiré. Ils sont aujourd'hui familiers aux Facultés. Mais avant d'entrer dans le détail des instructions nécessaires à l'application du décret, je crois devoir insister en quelques mots auprès des Facultés sur ce que les pouvoirs publics ont attendu d'elles.

En transformant en subventions les crédits mis à leur disposition par l'État, ils ont eu la confiance qu'elles en feraient usage comme d'un patrimoine qu'il est de leur devoir d'augmenter. Jusqu'ici, avec le mode de comptabilité qui était le leur, elles avaient parfois l'occasion et la tentation de faire, avant la clôture de l'exercice, et pour éviter l'annulation d'une partie des crédits, un emploi hâtif ou mauvais des fonds qui leur étaient alloués. Désormais, elles n'auraient plus cette excuse.

Désormais en effet, sauf pour les dépenses du personnel qui continueront d'être payées directement par le Trésor, elles feront masse de toutes leurs ressources pour subvenir à leurs besoins, et toutes les sommes qui, par une bonne gestion de leurs deniers, auront été économisées par elles, deviendront leur bien.

Leur responsabilité, en même temps que leur liberté, s'en trouve augmentée. Elles auront donc l'esprit d'ordre et l'esprit d'épargne. Elles auront le sentiment qu'elles sont des êtres permanents et non des êtres viagers, et qu'elles ont charge de leur avenir autant que du présent. Elles veilleront scrupuleusement à ce qu'il soit fait le meilleur emploi possible de leurs fonds, et elles auront à cœur de se créer ainsi des ressources propres qui seront tout à la fois pour elles une nouvelle garantie d'indépendance et un moyen certain de réaliser des améliorations qu'elles ne devront qu'à elles-mêmes.

J'arrive maintenant au commentaire du décret.

Le budget de chaque Faculté est divisé en deux parties : les recettes *et les* dépenses.

Chaque partie se subdivise en deux chapitres, les recettes ordinaires *et les* recettes extraordinaires ; *les* dépenses ordinaires *et les* dépenses extraordinaires.

Chaque chapitre se subdivise en articles correspondant chacun à une spécialité déterminée de recettes ou de dépenses.

Pour un certain nombre de ces articles, quelques éclaircissements sont nécessaires.

RECETTES.

Recettes ordinaires.

1° Les revenus des biens meubles et immeubles.

Doivent être inscrits à cet article tous les revenus des biens appartenant à la Faculté, mais ne doivent y être inscrits que ces revenus (arrérages de rentes, loyers, intérêts de fonds déposés en compte courant, etc.). Si, par exemple, dans le cours de l'exercice, la Faculté venait à recevoir une donation ou un legs, ce n'est pas à cet article que le produit en devrait être inscrit.

2° Le produit des publications.

Un certain nombre de Facultés publient des recueils périodiques. Jusqu'ici elles ne pouvaient les mettre en vente. Désormais elles le pourront, et le produit présumé de la vente devra être inscrit en recettes.

3° Le produit des opérations qui peuvent être autorisées par le Ministre de l'Instruction publique dans les laboratoires pour le compte des particuliers et dont la dépense doit être remboursée conformément aux conditions déterminées par le Conseil de la Faculté.

Jusqu'ici ces opérations se faisaient sans autorisation et elles donnaient lieu à des rétributions amiables d'un caractère irrégulier. Désormais elles devront être autorisées par le Ministre, et la dépense en sera remboursée conformément aux conditions déterminées par le Conseil de la Faculté ou École.

Je vous prie d'inviter sans retard les Conseils des établissements où il peut se faire de ces opérations à délibérer sur ces conditions. Vous voudrez bien me communiquer ces délibérations, et c'est seulement après en avoir pris connaissance que je pourrai donner les autorisations nécessaires.

4° Les subventions des particuliers, des communes et des départements.

Sous cet article, sont comprises toutes les subventions prévues par le second décret du 25 juillet 1885, qui n'ayant pas un caractère permanent ne peuvent être considérées comme des fondations ou des revenus.

Le projet de budget devra donner le détail de ces subventions d'après leur provenance.

Le mot particuliers *est entendu ici dans le sens le plus large, et s'applique aussi bien aux associations qu'aux individus.*

5° Les subventions de l'État pour les dépenses du matériel.

Désormais les sommes mises à la disposition des Facultés pour les diverses dépenses de matériel: chauffage, éclairage, collections, frais de cours et de laboratoire, travaux pratiques des étudiants, etc., leur seront allouées, sous les garanties de contrôle dont il sera question plus loin, sous forme de subvention. Elles en disposeront au mieux des intérêts qui leur sont confiés, et si, en fin d'exercice, il demeure des restes disponibles, ces restes ne seront pas annulés faute d'emploi, mais reportés au budget de la Faculté pour l'exercice suivant.

Le chiffre de la subvention de l'État sera déterminé d'après l'ensemble des ressources de la Faculté et d'après l'ensemble des dépenses jugées nécessaires, ainsi qu'il a toujours été pratiqué pour les budgets des Lycées.

6° Les restes disponibles des exercices précédents.

Recettes extraordinaires.

7° Le produit des dons et legs.

L'objet de cet article est de permettre l'encaissement des dons et legs en numéraire. Produit ne s'entend pas ici des revenus des dons et legs, lesquels sont des recettes ordinaires, mais des capitaux provenant de legs ou de donations.

8° Le produit du remboursement des rentes et de l'aliénation des biens meubles et immeubles.

9° Le produit de l'aliénation faite, après autorisation du Recteur, des objets mobiliers hors d'usage.

10° Le produit de l'aliénation faite, après autorisation du Ministre de l'Instruction publique, des objets de collection.

Ces deux articles établissent une distinction entre les objets mobiliers proprement dits et les objets de collection. Toute proposition de vente doit d'abord être soumise au Conseil de la Faculté. Lorsqu'il s'agit du mobilier hors d'usage, l'autorisation de vendre est donnée par le Recteur; quand il s'agit d'objets de collection, elle est donnée par le Ministre.

L'échange est une forme de l'aliénation.

Toute aliénation de livres faisant partie de la bibliothèque universitaire ne peut se faire qu'après autorisation du Ministre. Dans ce cas, le projet d'aliénation est soumis d'abord au Conseil général des Facultés.

11° Le produit des emprunts contractés après autorisation du Ministre de l'Instruction publique.

12° Les recettes accidentelles et imprévues.

DÉPENSES.

Dépenses ordinaires.

1° Les dépenses de personnel imputables sur les dons et legs ou sur les subventions des particuliers, des communes et des départements.

Les dépenses de personnel imputables sur les fonds de l'État continueront d'être mandatées soit par le Ministre, soit par le Préfet et payées par le Trésor. Les dépenses de personnel visées dans le présent article sont exclusivement celles qui sont imputables sur les biens propres de la Faculté (dons, legs et subventions, etc.); ce sont par exemple les traitements des professeurs titulaires de chaires fondées par dons ou legs ou des professeurs chargés d'enseignements subventionnés par les particuliers, les communes ou les départements.

Les dispositions des règlements antérieurs relatives à la création de chaires ou de cours sur les fonds provenant de libéralités faites aux Facultés demeurent entièrement en vigueur. Nulle chaire de cette catégorie ne peut être créée que par décret, après avis de la section permanente; nul cours ne peut être ouvert qu'après l'autorisation du Ministre. (Art. 3 du décret du 25 juillet 1885.)

2° Les bourses payées à l'aide des mêmes ressources.

Le projet de budget devra indiquer le détail de ces bourses en les classant d'après la provenance.

3° L'entretien des bâtiments.

Il ne s'agit ici que de l'entretien qui était payé antérieurement sur les fonds de l'État et non des réparations qui incombent aux villes, propriétaires des bâtiments des Facultés.

Dans le cas où la Faculté serait propriétaire d'immeubles, il y aurait lieu de faire figurer à cet article l'entretien des bâtiments compris dans ces immeubles, dans la limite où cet entretien incombe au propriétaire.

4° L'entretien du mobilier.

Il s'agit du mobilier proprement dit et non des collections, que nous allons trouver plus loin.

5° L'éclairage et le chauffage;

6° Les impressions et frais de bureau;

7° Les frais matériels des examens;

8° L'entretien et l'accroissement des collections;

Aucune dépense de personnel ne devra être comprise dans cet article, sauf les salaires d'ouvriers ou de garçons temporaires payés à la journée pour l'entretien des collections. Pourront y être imputées les dépenses de vitrines et autres meubles destinés à contenir les collections.

9° Les frais de cours et de laboratoire;

10° Les frais de travaux pratiques des étudiants.

Même remarque que pour l'article 8.

11° Les frais des publications.

Par frais de publications, il faut entendre les frais d'impression, de poste, etc.; les droits d'auteurs, s'il y a lieu, devront être payés par les éditeurs.

12° Les frais des opérations autorisées dans les laboratoires pour le compte des particuliers.

Cet article comprendra toutes les dépenses prévues pour lesdites opérations.

13° Les acquisitions et allocations pour prix et médailles.

Donner le détail des fondations ou des subventions.

14° La rétribution de l'agent comptable;

15° Les dépenses diverses ou imprévues;

16° Les dépenses nécessaires pour assurer le service des emprunts;

17° Les dépenses restant à payer sur l'exercice précédent.

Dépenses extraordinaires.

18° Les placements de fonds et les acquisitions d'immeubles;

19° Les frais de procédure;

20° Les dépenses temporaires et accidentelles imputées sur les recettes extraordinaires.

Préparation du budget.

Le budget (modèle n° 1) *est préparé par le doyen ou directeur. Il est examiné par le Conseil de la Faculté, puis soumis au Conseil général des Facultés dans le premier mois de l'année scolaire. Il est ensuite envoyé au Ministre avec le rapport du doyen et les avis des deux conseils.*

Le budget est transmis en quatre expéditions au Ministère de l'Instruction publique. Trois expéditions sont renvoyées au Recteur après l'approbation ministérielle et doivent être réparties ainsi : une pour les archives de l'académie, une pour le doyen, la troisième pour l'agent comptable.

Sont maintenues les dispositions du décret du 28 décembre 1885, aux termes desquelles le Conseil général délibère au préalable sur la répartition des sommes mises par l'État à la disposition des Facultés pour les services communs et la propose au Ministre.

Bibliothèque universitaire.

Le budget de la bibliothèque universitaire (modèle n° 2) *est préparé par le Recteur et soumis, pour avis, au Conseil général des Facultés.*

La bibliothèque universitaire est et reste un service commun par excellence. Elle n'est pas plus la bibliothèque de telle Faculté que de telle autre. Elle est la bibliothèque du corps universitaire. Mais, si elle a en soi une individualité incontestable, elle n'a pas la personnalité civile. Il était donc impossible de lui constituer, comme à chaque Faculté prise à part, un budget particulier. Deux voies restaient ouvertes : ou continuer de solder ses dépenses suivant le mode suivi jusqu'ici, ou en rattacher, pour ordre, le budget au budget de l'une des Facultés. Le premier parti avait l'inconvénient de compliquer la comptabilité et de soustraire un des plus importants services des Facultés au régime libéral appliqué désormais aux autres services. J'ai préféré le second, et le Conseil d'Etat a été du même avis.

Le budget de la bibliothèque universitaire sera donc rattaché pour ordre et comme un fidéicommis au budget de celle des Facultés ou Écoles que je désignerai annuellement.

Pour que le caractère de la bibliothèque universitaire n'en soit pas altéré, même dans l'opinion, ma désignation pourra se porter successivement sur les différentes Facultés.

Il doit donc être bien entendu que la Faculté désignée pour recevoir annuellement le budget de la bibliothèque n'aura pas sur la bibliothèque de droits particuliers. Rien n'est changé à l'administration et à la gestion de la bibliothèque, et, pour que la responsabilité du doyen ou directeur soit entièrement couverte, aucun payement relatif au matériel de la bibliothèque ne sera ordonnancé ou mandaté par lui sans que les factures aient été revêtues, sous votre autorité, par le bibliothécaire universitaire, des mentions réglementaires (réception des fournitures ou exécution des travaux). Vous voudrez bien veiller personnellement à l'exécution de ces dispositions.

Ouverture des crédits.

Le budget de la Faculté ou École, en tous ses articles, est arrêté par le Ministre. Par suite, aucune dépense ne peut être exécutée en dehors des crédits ouverts. Si au cours de l'exercice des virements d'article à article sont jugés nécessaires, il en est référé au Ministre, qui statue.

De même aucun crédit supplémentaire ou extraordinaire ne peut être ouvert au budget que par une décision du Ministre. MM. les doyens et directeurs remarqueront que cette prescription n'est pas limitée aux crédits ouverts sur les fonds provenant de la subvention de l'État, mais qu'elle s'étend aux ressources de toute nature. Ainsi, une fois le budget arrêté, une libéralité est-elle faite au cours de l'exercice à une Faculté pour un objet déterminé, une décision ministérielle doit rattacher la recette et la dépense à tel ou tel article du budget. Les dates des décisions ministérielles ouvrant des crédits supplémentaires ou extraordinaires au cours de l'exercice seront transcrites en marge du budget.

Budget additionnel.

Chaque année, dans le courant du mois d'avril, il est établi, dans les mêmes formes que le budget, un état des sommes à reporter en recettes et en dépenses à l'exercice courant (modèle n° 7).

Perception des recettes.

Au point de vue de la perception, toutes les recettes forment deux groupes : d'un côté, la subvention de l'État; de l'autre toutes les autres recettes, revenus, subventions, produits divers, etc.... La subvention de l'État est ordonnancée par le Ministre au nom de l'agent comptable et portée en recette au budget de la Faculté ou École. Toutes les autres recettes sont recouvrées par l'agent comptable, au compte de la Faculté ou École, en vertu de titres de perception délivrés par le doyen ou directeur. Un modèle de titre de perception est annexé aux présentes instructions. (Modèle n° 3.)

Ces titres de perception sont d'abord adressés par le doyen au Trésorier-Payeur général ou au Receveur des finances de l'arrondissement (pour Paris au Receveur central de la Seine), *qui les transmet ensuite à l'agent comptable. Ce mode de transmission, destiné à sauvegarder la responsabilité du doyen, est obligatoire.*

Recouvrement des loyers ou revenus et autres créances.

Les arrérages des dons et legs, les loyers et revenus des propriétés immobilières et toutes autres créances appartenant à la Faculté ou École sont recouvrés par l'agent comptable. A cet effet, le doyen ou directeur doit délivrer à l'agent comptable une copie de l'état des dons et legs et autres propriétés, une copie des baux, ainsi que des privilèges d'hypothèques qui peuvent exister, et, s'il y a des procédures entamées, faire connaître la situation où elles se trouvent, etc....

L'agent comptable donne récépissé de ces expéditions. Il est tenu de faire toutes les diligences nécessaires pour la perception des revenus, legs ou donations et autres ressources affectées au service de la Faculté ou École; de faire faire contre les débiteurs en retard de payer, et à la requête du doyen ou directeur, les exploits, significations, poursuites et commandements nécessaires; d'avertir l'administration de la Faculté ou École de l'expiration des baux; d'empêcher les prescriptions, etc.

Mandatement des dépenses.

Le doyen ou directeur est ordonnateur de toutes les dépenses de la Faculté ou École. Lorsque, dans l'un des cas prévus par le décret du 28 décembre 1885, l'assesseur est chargé de l'administration de la Faculté, il devient de droit ordonnateur des dépenses.

La signature du doyen ou directeur et, quand il y a lieu, celle de l'assesseur doivent être accréditées auprès de l'agent comptable par l'intermédiaire du Recteur.

Nul payement ne peut être ordonné en dehors des crédits prévus au budget ou ouverts dans le cours de l'exercice par décisions spéciales du Ministre.

Les payements sont effectués par l'agent comptable sur mandats délivrés par le doyen ou directeur. (Modèle n° 4.)

Tout mandat fait connaître l'exercice, la décision ministérielle qui a ouvert le crédit (pour les crédits qui n'ont pas été l'objet d'une décision spéciale, la date de la décision ministérielle est la date même de l'approbation du budget par le Ministre) et l'article du budget auquel elle se rattache.

Le doyen ou directeur adresse à l'agent comptable, toutes les fois qu'il émet des mandats sur sa caisse, un bordereau (modèle n° 5) d'émission de ces mandats. A ce bordereau sont jointes les pièces justificatives des dépenses et les mandats eux-mêmes, lesquels doivent être renvoyés sans délai revêtus du visa de l'agent comptable.

Il ne peut être délivré de mandats que pour des services faits, pour des travaux exécutés, pour des fournitures livrées.

Mention est faite sur chaque mandat des pièces justificatives produites à l'appui de la dépense.

Les mémoires ou factures doivent être revêtus d'une déclaration, soit du secrétaire de la Faculté ou École, en ce qui concerne le service administratif ou général, soit du professeur chargé du service d'enseignement auquel se rapporte la dépense ou de l'un des fonctionnaires de ce service, déclaration constatant :

Pour les fournitures diverses et objets mobiliers, leur réception, et, s'il y a lieu, leur inscription sur les inventaires ou catalogues avec mention des numéros d'inscription ;

Pour les travaux, leur exécution.

Nul ne peut se présenter pour un autre créancier s'il n'a été préalablement autorisé par procuration en bonne forme.

La procuration doit être jointe au mandat acquitté. L'agent comptable seul apprécie si elle est suffisante et régulière.

Quand un décompte a pour objet une somme qui était due à une personne décédée, et que le mandat est délivré au nom des héritiers, ces derniers doivent produire au comptable chargé du payement l'acte de décès et les titres d'hérédité pour justifier de leurs droits au payement.

Reversement de trop-payé sur mandat.

Les reversements de fonds provenant de restitution pour cause de trop-payé à des créanciers de la Faculté ou École sont effectués d'office ou en vertu d'un ordre de reversement dressé dans la forme du modèle n° 6. Ils sont suivis à la diligence du doyen ou directeur ordonnateur des dépenses.

Ces reversements ont lieu à la caisse de l'agent comptable.

Le débiteur est tenu de rapporter pour sa décharge une quittance à souche de la somme par lui versée, lequel doit être remis au doyen ou directeur. Ce versement est imputé au compte des recettes accidentelles et imprévues.

De l'exercice.

L'exercice commence le 1er janvier et expire le 31 décembre.

Toutefois, la période d'exécution des services d'un budget embrasse, outre l'année même à laquelle il s'applique, des délais complémentaires accordés sur l'année suivante, pour achever les opérations relatives au recouvrement des produits, à la constatation des droits acquis, à la liquidation, à l'ordonnancement et au payement des dépenses.

A l'expiration de ces délais, l'exercice est clos.

En ce qui concerne les budgets des Facultés ou Écoles, ces délais s'étendent :

1° Jusqu'au 28 février de la seconde année pour la liquidation et l'ordonnancement des sommes dues aux créanciers ;

2° Jusqu'au 31 mars de cette seconde année pour compléter les opérations relatives au recouvrement des produits et au payement des dépenses.

Bordereaux mensuels des mandats délivrés.

Dans les dix premiers jours de chaque mois pour les Facultés et pour l'École supérieure de pharmacie de Paris, et dans les dix premiers jours de chaque trimestre pour les Facultés, les Écoles supérieures de pharmacie des départements et pour les Écoles supérieures d'Alger, *il est trans-*

mis au Ministère de l'Instruction publique (direction de l'enseignement supérieur, 3e bureau) un bordereau des mandats délivrés par le doyen ou directeur sur la caisse de l'agent comptable pendant le mois ou le trimestre précédent.

Un duplicata sur papier libre des états, mémoires ou factures qui ont fait l'objet des mandats doit être joint au bordereau. Il est essentiel que le duplicata ainsi adressé au Ministère donne la reproduction exacte de l'état original, mémoire ou facture sur timbre remis à l'agent comptable, tant pour l'énumération et le détail des dépenses ou l'indication des prix, que pour les mentions d'inscription aux registres d'inventaires ou catalogues, les certificats d'exécution de travaux ou de réception des fournitures, le visa du doyen ou directeur.

Toutes les pièces justificatives jointes aux bordereaux doivent porter inscrite en tête, à l'encre rouge, la mention du numéro d'ordre du mandat auquel elles se rattachent et des chapitre et article du budget.

Adjudications.

Aux termes du décret du 18 novembre 1882, les adjudications de travaux ou fournitures doivent être faites avec concurrence et publicité.

L'avis des adjudications à passer est publié, sauf les cas d'urgence, au moins vingt jours à l'avance, par la voie des affiches et par tous les moyens ordinaires de publicité.

Cet avis fait connaître : 1° le lieu où l'on peut prendre connaissance du cahier des charges ; 2° les autorités chargées de procéder à l'adjudication ; 3° le lieu, le jour et l'heure fixés pour l'adjudication.

Il est procédé à l'adjudication en séance publique.

A ce sujet, je ferai remarquer que dans les Facultés ou Écoles le bureau d'adjudication doit être composé ainsi :

Doyen ou directeur, ou, à défaut, l'assesseur, président, assisté de deux professeurs.

Il est aussi essentiel de connaître que les adjudications publiques relatives à des fournitures, travaux ou fabrications qui ne peuvent être, sans inconvénient, livrés à une concurrence illimitée, peuvent être soumises à des restrictions permettant de n'admettre que les soumissions qui émanent de personnes reconnues capables par l'Administration, au vu des titres exigés par le cahier des charges et préalablement à l'ouverture des plis renfermant les soumissions.

Les cahiers des charges doivent déterminer, outre les conditions d'exécution des travaux, l'importance des garanties pécuniaires à produire :

Par les soumissionnaires, *à titre de cautionnements provisoires, pour être admis aux adjudications ;*

Par les adjudicataires, *à titre de cautionnements définitifs, pour répondre de leurs engagements.*

Les cahiers des charges peuvent, s'il y a lieu, dispenser de l'obligation de déposer un cautionnement provisoire ou définitif. Ils peuvent disposer que le cautionnement réalisé avant l'adjudication à titre provisoire servira de cautionnement définitif.

Les cautionnements sont reçus par la Caisse des dépôts et consignations (à Paris) ou par ses préposés (dans les départements).

Les soumissions relatives aux adjudications sont placées sous enveloppes cachetées et remises en séance publique.

Toutefois, les cahiers des charges peuvent autoriser ou prescrire l'envoi des soumissions par lettres recommandées ou leur dépôt dans une boîte à ce destinée ; ils fixent le délai pour cet envoi ou ce dépôt.

Lorsqu'un maximum de prix ou un minimum de rabais a été arrêté d'avance par le doyen ou directeur, le montant de ce maximum ou de ce minimum est indiqué dans un pli cacheté, déposé sur le bureau à l'ouverture de la séance.

Les plis renfermant les soumissions sont ouverts en présence du public ; il en est donné lecture à haute voix.

Dans le cas où plusieurs soumissionnaires offriraient le même prix et où ce prix serait le plus bas de ceux portés dans les soumissions, il est procédé à une réadjudication, soit sur de nouvelles soumissions, soit à l'extinction des feux, entre ces soumissionnaires seulement.

Si les soumissionnaires se refusaient à faire de nouvelles offres ou si les prix demandés ne différaient pas encore, le sort en déciderait.

Les résultats de chaque adjudication sont constatés par un procès-verbal relatif à toutes les circonstances de l'adjudication.

Les adjudications des Facultés ou Écoles sont subordonnées à l'approbation du Recteur. Elles ne sont valables et définitives qu'après cette approbation.

Marchés.

Il peut être passé des marchés de gré à gré (art. 18 du décret du 18 novembre 1882) :

1° Pour les fournitures, transports et travaux dont la dépense totale n'excède pas 20,000 francs, *ou s'il s'agit d'un marché passé* pour plusieurs années, dont la dépense annuelle n'excède pas 5,000 francs;

2° ....

3° Pour les objets dont la fabrication est exclusivement attribuée à des porteurs de brevets d'invention;

4° Pour les objets qui n'auraient qu'un possesseur unique;

5° Pour les ouvrages et objets d'art et de précision dont l'exécution ne peut être confiée qu'à des artistes ou industriels éprouvés;

....

11° Pour les fournitures, transports ou travaux que l'Administration doit faire exécuter au lieu et place des adjudicataires défaillants et à leurs risques et périls.

Les marchés de gré à gré sont passés par le doyen ou directeur, après avis du Conseil de la Faculté ou École. Ils sont soumis à l'approbation du Recteur.

A l'égard des ouvrages d'art et de précision dont le prix ne peut être fixé qu'après l'entière exécution du travail, une clause spéciale du marché détermine les bases d'après lesquelles le prix doit être liquidé ultérieurement.

Les droits de timbre et d'enregistrement auxquels donnent lieu les adjudications et les marchés sont à la charge des adjudicataires ou de ceux qui s'engagent par marchés.

Les frais de publicité restent à la charge de la Faculté ou École.

Fournitures et travaux dont le montant n'excède pas 1,500 francs.

Il peut être suppléé aux marchés écrits par des achats sur simple facture, quand la valeur d'un objet ou l'ensemble des achats n'excède pas 1,500 francs.

La même disposition s'étend aux travaux dont la valeur ne dépasse pas 1,500 francs et qui peuvent être exécutés sur simple mémoire.

Pour certaines fournitures, par exemple celles de chauffage, j'appelle l'attention des Facultés sur l'avantage qu'il y aurait à procéder par marchés ou par adjudications comprenant les fournitures nécessaires à toutes les Facultés du même ressort.

Dans ce cas il y aura lieu de désigner, dans le cahier des charges, et dans tous autres documents de publicité, les Facultés ou Écoles appelées à participer à l'adjudication ou au marché, et d'indiquer pour chacune d'elles la quantité approximative des fournitures à faire.

L'adjudication sera présidée par le Vice-Président du Conseil général des Facultés.

Il reste entendu que les mémoires continueraient à être établis séparément pour chaque Faculté ou École, et il suffirait de produire un exemplaire du procès-verbal d'adjudication ou du marché; cette production, pour chaque Faculté ou École intéressée, *ne serait d'ailleurs nécessaire que pour le premier payement, les liquidations suivantes, même réparties sur plusieurs exercices, pouvant simplement mentionner les références des payements antérieurs.*

Acquisitions, aliénations et emprunts.

Les acquisitions et les aliénations de rentes ou d'immeubles sont faites par le doyen, au nom de la Faculté, après autorisation du Conseil de la Faculté. Lorsqu'elles dépassent une valeur de 5,000 francs, elles doivent être autorisées par un décret rendu sur la proposition du Ministre de l'Instruction publique (article 5 du décret du 25 juillet 1885).

Les emprunts sont contractés dans la même forme. Ils doivent toujours être autorisés par le Ministre.

Dépôts en compte courant.

Les subventions de l'État étant ordonnancées d'avance et d'autres produits tels que revenus des dons et legs, recettes accidentelles, subventions à titres divers, pouvant aussi être acquittés ou versés d'avance, il s'ensuivra que la Faculté ou École disposera, pendant une certaine période, d'un encaisse qui excédera très sensiblement, surtout pour les Facultés de médecine et des sciences et les Écoles supérieures de pharmacie, les dépenses courantes.

Dans ces conditions, il y aura avantage réel pour les établissements à déposer leurs fonds disponibles en compte courant au Trésor.

Les dépôts sont reçus à Paris à la Recette centrale de la Seine, et dans les départements chez les Trésoriers-Payeurs généraux ou les Receveurs particuliers, et ils donnent lieu à la délivrance de récépissés à talon.

Les sommes déposées sont remboursables, en totalité ou en partie, à la caisse du comptable qui a reçu le dépôt, sur la présentation d'un mandat de remboursement délivré par le doyen ou directeur et sur la quittance de l'agent comptable de la Faculté ou École.

Il est tenu, au nom de chaque établissement, un compte productif d'intérêt, qui est arrêté en capital et intérêts au 31 décembre de chaque année. Un extrait de ce compte ainsi arrêté est adressé au doyen ou directeur de la Faculté ou École intéressée dans les deux premiers mois de l'année.

Les comptes de dépôt sont bonifiés d'un intérêt de 2 p. 0/0 l'an.

Les intérêts annuels sont capitalisés au 1er janvier.

Le produit des intérêts ainsi acquis doit figurer aux budget et compte de la Faculté ou École, au chapitre Ier, art. 1er (Revenus des biens meubles et immeubles).

Reliquats disponibles et sans affectation déterminée.

Il est dans l'intérêt de la Faculté ou École de convertir ces reliquats en titres de rentes 3 p. 0/0 sur l'État. Le Conseil de la Faculté ou École est consulté à cet effet.

Compte d'administration.

Chaque année, avant le 1er mai, le doyen ou directeur rend au Ministre un compte d'administration.

Ce compte est soumis au préalable au Conseil de la Faculté ou École et au Conseil général des Facultés.

Il est dressé en quatre exemplaires, dont l'un est transmis par mon Administration à la Cour des comptes.

LIVRES ET REGISTRES DES ORDONNATEURS.

Les livres officiels de la comptabilité administrative des doyens ou directeurs ordonnateurs des dépenses sont au nombre de quatre, savoir :

1° Un livre-journal des crédits (*modèle n° 8*);

2° Un livre d'enregistrement des droits des créanciers (*modèle n° 9*);

3° Un livre-journal des mandats délivrés (*modèle n° 10*);

4° Un livre de comptes par nature de dépenses (*modèle n° 11*).

Ces livres seront tenus par exercice.

Ils sont destinés à recevoir l'enregistrement successif, par créancier, des crédits, des droits constatés sur les services faits et des mandats délivrés, ainsi que l'inscription des payements effectués.

Livre-journal des crédits.

Le livre-journal des crédits reçoit l'enregistrement sommaire du montant des crédits ouverts par le budget et par les décisions ministérielles.

Livre des droits des créanciers.

Les droits acquis aux créanciers sont constatés par article sur le livre destiné à l'enregistrement de ces droits, aussitôt après que leur fixation est déterminée par le résultat des liquidations, et lors même que la délivrance des mandats de payement devrait être ajournée, soit en raison de l'absence des ayants droit, soit en cas de litige ou pour tout autre motif.

Livre-journal des mandats.

Le livre-journal des mandats délivrés est consacré à l'enregistrement immédiat et successif, par ordre numérique, de tous les mandats individuels ou collectifs émis par le doyen ou directeur ordonnateur des dépenses.

Livre des comptes par nature de dépenses.

Le livre des comptes ouverts par nature de dépenses est destiné à rapprocher et à présenter sous un seul aspect les crédits du budget, les mandats délivrés et les payements effectués sur chacun des articles du budget.

Il est procédé à cet effet, pour les crédits et les mandats, au dépouillement par article : 1° du livre-journal des crédits; 2° du livre-journal des mandats; et quant au payement, les ordonnateurs doivent les constater sur le livre des comptes à la fin de chaque mois en une seule somme par article, d'après les relevés des mandats acquittés qu'ils reçoivent des agents comptables, dans les premiers jours du mois suivant.

Toutes les propositions et délibérations relatives à la comptabilité des Facultés ou Écoles doivent être adressées au Ministre par l'intermédiaire des Recteurs.

Vous voudrez bien y joindre toujours votre avis.

Recevez, Monsieur le Recteur, l'assurance de ma considération très distinguée.

Le Ministre de l'Instruction publique
et des Beaux-Arts,
A. FALLIÈRES.

ARRÊTÉ

relatif à la désignation des agents comptables des Facultés et aux rétributions qui leur sont allouées.

LE MINISTRE DES FINANCES,

Vu le décret du 22 février 1890 sur la comptabilité des Facultés et établissements assimilés ;

Vu l'article 13 de ce décret portant qu'« un arrêté ministériel concerté entre « le Ministre des Finances et le Ministre de l'Instruction publique et des Beaux-« Arts désignera les agents comptables des Facultés et établissements assimilés, « et déterminera les rétributions qui leur seront allouées. »

Vu le rapport du directeur général de la comptabilité publique, et l'avis conforme du Ministre de l'Instruction publi queet des Beaux-Arts ;

ARRÊTE CE QUI SUIT :

ARTICLE PREMIER.

A partir de l'exercice 1890, les fonctions d'agents comptables des Facultés et établissements assimilés seront remplies : à Paris et à Alger, par les receveurs des droits universitaires ; dans les départements, par les percepteurs désignés par le directeur général de la comptabilité publique.

ART. 2.

La rétribution allouée à ces comptables, sur le budget des Facultés et établissements assimilés, sera calculée sur les dépenses d'après le tarif ci-après :

A Paris, à raison de 0 fr. 50 p. 100.

Dans les départements, y compris Alger, à raison de 1 franc p. 100 sur les premiers 25,000 francs, et 0 fr. 50 p. 100 sur le surplus des dépenses.

Cette rétribution sera calculée isolément pour chaque Faculté ou établissement ayant un budget distinct. Le minimum de la rétribution sera fixé à 50 francs pour chaque Faculté ou établissement.

ART. 3.

Le supplément de cautionnement à verser par les comptables ci-dessus désignés sera égal au double des rétributions calculées, comme il est dit à l'article précédent.

ART. 4.

Les livres et écritures tenus par les agents comptables des Facultés et établissements assimilés seront les mêmes que ceux qui sont tenus par les percepteurs-receveurs municipaux pour les gestions communales et hospitalières dont ils sont chargés.

ART. 5.

Le présent arrêté sera déposé au bureau du contreseing, qui en délivrera des ampliations à qui de droit.

Fait à Paris, le 5 mars 1890.

Le Ministre des Finances,

ROUVIER.

ANNEXES.

COMPTABILITÉ DES FACULTÉS

ET

DES ÉTABLISSEMENTS D'ENSEIGNEMENT SUPÉRIEUR ASSIMILÉS.

(Décret du 22 février 1890.)

DISPOSITIONS GÉNÉRALES

concernant le payement des dépenses et la tenue des écritures des Agents comptables.

---

§ 1er.

Règles applicables à toutes les dépenses.

I.

Le doyen ou directeur est ordonnateur des dépenses de la Faculté ou École. Aucune dépense ne peut être acquittée que sur un mandat délivré par lui. Le mandat tient lieu de lettre d'avis au titulaire de la créance. La partie prenante donne quittance sur le mandat.

II.

L'acquittement des dépenses des Facultés ou Écoles est justifié par les agents comptables conformément aux dispositions du présent règlement et aux prescriptions de la nomenclature qui fait suite à ce règlement.

III.

Il n'est question, dans cette nomenclature, que des pièces qui, indépendamment du mandat, sont nécessaires pour justifier de la légalité et de la réalité de la dépense, ainsi que de la validité du payement à la personne dénommée dans le mandat.

En cas de payement à des ayants droit ou représentants du titulaire, les comptables doivent exiger, sous leur responsabilité et d'après le droit commun, les pièces constatant, selon le cas, les qualités et droits des parties prenantes.

IV.

Lorsqu'il s'agit de services non prévus dans la nomenclature, ou de cas spéciaux pour lesquels les règlements et instructions ont dû laisser aux comptables, sous leur responsabilité, le soin d'exiger les pièces nécessaires, les justifications produites à l'appui des mandats doivent toujours constater la régularité de la dette et celle du payement (*art. 101 et 102 du Règlement du Ministère de l'Instruction publique de 1867*).

V.

Avant de procéder au payement des mandats délivrés sur leurs caisses, les agents comptables doivent s'assurer, sous leur responsabilité, que toutes les formalités ont été observées, et que les justifications déterminées par les règlements ont été produites.

VI.

Les pièces justificatives produites à l'appui d'un mandat doivent être revêtues du visa du doyen ou directeur.

VII.

Lorsqu'il est mandaté des acomptes sur une dépense, le premier mandat doit être appuyé des pièces qui constatent le droit du créancier au payement de ces acomptes. Pour les acomptes subséquents, les mandats rappellent les justifications déjà produites et relatent les mandats precédemment délivrés. Ces justifications sont complétées, au besoin, lors du solde de la dépense.

En cas de payement intégral, la totalité des pièces justificatives doit être fournie à l'appui.

VIII.

Les titres produits en justification des dépenses, notamment les mémoires des entrepreneurs et fournisseurs, doivent toujours indiquer la date précise, soit de l'exécution des services ou des travaux, soit de la livraison des fournitures.

IX.

La partie prenante dénommée dans un mandat de payement doit toujours être le créancier réel, c'est-à-dire la personne qui a fait le service, effectué les fournitures ou travaux, et qui a un droit à exercer contre la Faculté ou l'École.

X.

Les mandats délivrés, après le décès d'un créancier au profit de ses héritiers, ne désignent pas chacun d'eux, mais portent seulement cette indication générale : *les héritiers*. C'est à l'agent comptable qu'il appartient, avant de procéder au payement, d'exiger les titres justificatifs de la qualité des ayants droit.

Les sommes de 50 francs et au-dessous peuvent toutefois être payées sur la production d'un certificat du maire délivré sur timbre, énonçant que les parties y dénommées ont seules droit de toucher la somme due en qualité d'héritiers.

La signature du maire, dans les départements autres que celui de la Seine, doit être légalisée.

XI.

Les agents comptables doivent se conformer aux dispositions suivantes, en ce qui concerne les quittances à fournir par les parties prenantes :

1° La quittance est apposée sur le mandat ; elle ne doit contenir ni restrictions ni réserves. Quand le mandat est quittancé par le créancier, il n'est pas nécessaire qu'il soit fourni une quittance isolée et distincte ;

2° Lorsque la quittance est produite séparément, comme il arrive si elle doit être extraite d'un registre à souche ou à talon, ou si elle se trouve au bas des factures, mémoires ou contrats, le mandat n'en doit pas moins être quittancé *pour ordre* et *par duplicata*, la décharge de la Faculté ou de l'École ne pouvant être séparée de l'ordonnancement qui a ouvert le droit ;

3° Toute quittance doit être datée et signée par la partie prenante, devant l'agent comptable, au moment même du payement ;

4° Si la partie prenante est illettrée, la déclaration en est faite à l'agent comptable, qui la transcrit sur le mandat, la signe et la fait signer par deux témoins présents au payement, pour toutes les créances qui n'excèdent pas 150 francs. Pour les payements au-dessus de cette somme, il doit être exigé une quittance authentique, soumise à la formalité de l'enregistrement ;

5° Lorsqu'il s'agit de payements collectifs, il peut toujours être suppléé aux quittances individuelles par des états d'émargement dûment certifiés ;

6° Les états nominatifs de liquidation, dans le cas où chaque titulaire ne recevrait pas personnellement de l'agent comptable la somme qui lui revient, doivent porter, outre l'émargement des ayants droit, l'acquit de la personne autorisée à recevoir en leur nom le montant du mandat.

XII.

Toute pièce à produire à l'appui d'un mandat de payement pour justification des droits du créancier, et dont la désignation est suivie de la lettre (T) dans la nomenclature, est assujettie au droit du timbre établi en raison de la dimension des papiers.

(*Loi du 13 brumaire an* VII, *art.* 12.)

XIII.

Les factures ou mémoires qui accompagnent les mandats de payement doivent toujours être rédigés sur papier timbré suivant la dimension.

XIV.

Pour les dépenses qui n'excèdent pas 10 francs dans leur totalité, la production des factures et mémoires de fournitures ou travaux n'est pas exigible quand le détail des fournitures ou travaux est présenté dans le mandat.

XV.

Quand plusieurs fournisseurs se réunissent pour présenter un mémoire collectif de leurs diverses fournitures, le mémoire n'est passible que d'un seul droit de timbre suivant la dimension du papier.

XVI.

Les quittances données pour toutes les dépenses de personnel et de matériel excédant 10 francs sont soumises au droit de timbre de dix centimes. Ce droit n'est pas dû pour les quittances de 10 francs et au-dessous, quand il ne s'agit pas d'un acompte ou d'une quittance finale sur une plus forte somme. Le timbre est toujours à la charge de la partie prenante.

XVII.

Si le titulaire d'un mandat n'est qu'un intermédiaire administratif entre la Faculté ou École et ses créanciers, la quittance qu'il donne en touchant les fonds est une formalité d'ordre qui ne nécessite pas le timbre, mais il est exigé, lorsqu'il y a lieu, sur les quittances des créanciers réels, que l'intermédiaire est tenu de rapporter et de produire à l'agent comptable.

XVIII.

L'agent comptable doit, sous sa responsabilité, examiner avec le plus grand soin les mandats avant de les acquitter. Son devoir est de vérifier s'ils sont réguliers de tous points et s'ils n'excèdent pas les crédits ouverts. Tout mandat présentant dans sa partie manuscrite des ratures ou renvois non approuvés doit être refusé par l'agent comptable et ne peut donner lieu à payement qu'après régularisation par le signataire.

XIX.

Les sommes en chiffres inscrites dans le corps d'un mandat ainsi que de toute pièce à l'appui, doivent être énoncées en toutes lettres, quant à leur montant, dans l'arrêté de l'ordonnateur ou du liquidateur.

XX.

Les pièces justificatives de dépenses qui présentent des ratures ne peuvent être admises sans une mention d'approbation du nombre (en toutes lettres) des mots rayés comme nuls, signée, selon le cas, par ceux qui ont arrêté les mémoires, états ou souscrit les quittances et par le doyen ou directeur qui a visé les pièces. Tout renvoi ayant pour objet d'ajouter des énonciations omises doit être également approuvé sous les mêmes signatures. L'approbation ne peut être considérée comme valable, si la rectification en est simplement interlignée au-dessous de la signature primitive, sans apposition d'une nouvelle signature.

XXI.

Les actes notariés produits pour la justification des droits des créanciers des Facultés ou Écoles doivent porter l'empreinte du sceau des notaires qui les ont dressés et ils doivent être légalisés, s'ils proviennent d'un département autre que celui où s'effectue le payement.

XXII.

Tout titre de créance et toute pièce à l'appui qui, étant annexés à un mandat de payement, énoncent des quantités en poids ou mesures, doivent être rejetés, si ces quantités sont exprimées autrement qu'en poids et mesures du système décimal, conformément à la loi du 4 juillet 1837.

XXIII.

En cas de perte d'un mandat, il est délivré un duplicata sur la déclaration motivée de la partie intéressée et d'après l'attestation écrite de l'agent comptable, portant que le mandat n'a pas été acquitté par lui.

Des copies certifiées de la déclaration de la partie prenante et de l'attestation de non-payement sont remises par l'agent comptable au doyen ou directeur ordonnateur qui les garde pour sa justification. Les originaux sont joints au payement.

XXIV.

L'agent comptable est tenu de s'assurer, avant payement et sous sa responsabilité, de l'identité des parties prenantes. Tout mandat appuyé de justifications complètes et régulières et qui n'excède pas la limite du crédit sur lequel il doit être imputé, est payable sur la quittance de la partie prenante ou de son représentant dûment autorisé. La procuration doit être jointe au mandat acquitté.

XXV.

L'agent comptable ne peut suspendre un payement que s'il reconnaît qu'il y a omission ou irrégularité matérielle dans les pièces produites.

Il y a irrégularité matérielle toutes les fois que les indications de nom, de service ou de somme, portées dans le mandat, ne sont pas d'accord avec celles qui résultent des pièces justificatives y annexées, ou lorsque ces pièces ne sont pas conformes au règlement; dans ce cas, l'agent comptable remet une déclaration écrite de son refus de payement au porteur du mandat qui en réfère au doyen ou directeur, et si celui-ci requiert par écrit et sous sa responsabilité personnelle qu'il soit passé outre au payement, l'agent comptable y procède immédiatement et il annexe au mandat, avec une copie de la déclaration, l'original de la réquisition qu'il a reçue. Le doyen ou directeur informe de suite le recteur des circonstances qui ont accompagné la réquisition.

Mais s'il y a insuffisance de fonds dans la caisse de l'agent comptable, s'il y a défaut de crédit, si la dépense est imputée contrairement au règlement, si l'émission du mandat n'a pas été notifiée à l'agent comptable, si le porteur du mandat n'a pas qualité suffisante pour donner quittance, le refus de payement est absolu jusqu'à ce que la régularisation ait lieu. C'est au doyen ou directeur qu'il appartient de demander au Ministre de l'Instruction publique les virements d'articles à articles reconnus nécessaires, ou l'ouverture de crédits supplémentaires ou extraordinaires, de rectifier l'imputation ou d'aviser l'agent comptable de l'émission du mandat afin de régulariser la situation; mais, en ce qui concerne le refus basé sur les motifs touchant à la validité de la quittance ou à la non-production de justifications constatant la qualité des héritiers ou ayants droit, l'agent comptable est seul juge de la difficulté, attendu qu'il paie sous sa responsabilité personnelle.

§ 2.

Règles applicables aux dépenses du personnel.

XXVI.

Les traitements se payent par mois ou par trimestre à terme échu, tous les mois étant indistinctement comptés pour 30 jours.

En cas de décès d'un fonctionnaire ou agent ou de cessation d'activité dans le cours d'un mois, il est produit un décompte établissant la somme due en raison du nombre des jours de service. Le jour du décès est compris dans le décompte.

XXVII.

Le traitement d'un fonctionnaire ou agent absent pour cause d'altération de facultés mentales et traité dans un établissement public, peut être payé, sauf déduction des retenues prescrites, sur l'acquit du receveur de cet établissement, appuyé d'une quittance à souche et sur la production d'un certificat de vie du malade, délivré par le directeur de l'établissement, dont la signature doit être légalisée par le maire de la commune. Le mandat de payement doit, en outre, être visé par celui des membres de la commission administrative qui remplit les fonctions d'administrateur provisoire : à Paris, ces fonctions sont remplies par le directeur de l'Assistance publique.

XXVIII.

Les sommes payées à titre de traitement fixe ou éventuel, de préciput, de supplément de traitement, de remises proportionnelles, de salaires annuels ou constituant à tout autre titre un émolument personnel sont passibles de retenues pour pensions civiles aux termes de l'article 3 de la loi du 9 juin 1853, c'est-à-dire de la retenue de 5 o/o sur les émoluments mensuels et de la retenue du premier douzième de chaque augmentation. Les retenues pour congés ou pour mesures disciplinaires sont calculées conformément aux dispositions des articles 68 et 69 du Règlement du 16 octobre 1867.

XXIX.

Les traitements ou allocations passibles de retenues qui sont acquittés par l'agent comptable sont mandatés pour leur montant brut, et il est fait mention spéciale dans le mandat des retenues à exercer pour pensions : l'agent comptable chargé du payement du mandat l'impute en dépense pour son montant intégral, et il constate en recette le produit des retenues à un compte ouvert aux services hors budget intitulé : *retenues sur traitements pour le service des pensions civiles.*

Le versement de ces retenues a lieu chaque mois à la caisse du receveur des finances sur la production, comme titre de perception provisoire, d'un duplicata de l'état de traitement certifié par le doyen ou directeur et indiquant le montant et la nature des retenues à exercer (*modèle n° 22*).

A la fin du mois de décembre, l'agent comptable doit produire comme titre de perception définitif, dans la forme des états de traitements, un état nominatif des fonctionnaires, certifié par le doyen ou directeur et visé par le Recteur, présentant la récapitulation des retenues de toute l'année (*modèle n° 23*).

L'agent comptable fait dépense des retenues versées chaque mois au receveur des finances au compte prévu à cet effet aux services hors budget et il justifie cette dépense par le récépissé qui lui est remis au moment du versement.

XXX.

Les traitements ou allocations ordonnancés sur la caisse de l'agent comptable peuvent être valablement frappés d'opposition entre ses mains. Ils sont saisissables jusqu'à concurrence d'un cinquième sur les premiers 1,000 francs et toutes les sommes au-dessous, d'un quart sur les 5,000 francs suivants et d'un tiers sur la portion excédant 6,000 francs, à quelque somme qu'elle s'élève et jusqu'à l'entier acquittement des créances (*Loi du 21 ventôse an IX*).

La retenue doit être calculée sur le chiffre brut du traitement sans déduction du prélèvement pour retraite ou pour congé.

La portion saisissable des traitements ou allocations arrêtée entre les mains de l'agent comptable est précomptée par lui au moment même du payement et constatée dans ses écritures au compte : *retenues en vertu d'oppositions* ouvert parmi les services hors budget. A la fin du mois il verse d'office le montant des retenues à la caisse du receveur des finances, préposé de la Caisse des dépôts et consignations, et remet à l'appui de son dépôt un extrait certifié des oppositions et un état nominatif indiquant pour chaque partie saisie le montant du traitement et le montant des retenues. Ce versement est constaté au livre de détail des dépenses «*services hors budget*», et justifié au moyen du récépissé délivré par le préposé de la Caisse des dépôts et consignations.

§ 3.

Règles applicables aux dépenses du matériel.

XXXI.

Les mémoires ou factures de fournitures d'objets matériels et les mémoires des travaux et services se rapportant au matériel doivent être totalisés en chiffres et en toutes lettres; ils sont datés et signés par les créanciers, et le domicile de ces derniers doit y être indiqué.

XXXII.

L'arrêté de liquidation des mémoires et factures de toute fourniture d'objets matériels doit contenir : 1° certificat de réception de ces objets soit par le secrétaire de la Faculté ou École, en ce qui concerne le service administratif ou général, soit par le professeur chargé du service d'enseignement auquel se rapporte la dépense ou de l'un des fonctionnaires de ce service, certificat relatant le numéro du registre tenu par le fonctionnaire pour les objets qu'il doit prendre en charge; 2° mention du numéro de l'inscription desdits objets sur l'inventaire ou sur le catalogue, pour ceux dont la nature comporte cette formalité.

XXXIII.

Le mandat de premier payement, délivré au nom de tout entrepreneur ou fournisseur assujetti à un cautionnement matériel, doit être appuyé, à défaut de pièces constatant la réalisation du cautionnement, d'une déclaration de l'ordonnateur faisant connaître la date de la réalisation de la garantie exigée et la nature des valeurs qui y ont été affectées.

XXXIV.

La production des tarifs annuels qui servent de base à la liquidation des fournitures faites par l'Imprimerie nationale est exigible pour le premier payement de chaque année, et l'on y renvoie pour les payements suivants.

XXXV.

Les dépenses de matériel assignées payables sur la caisse de l'agent comptable peuvent être frappées d'opposition, transports ou cessions; les sommes ainsi arrêtées entre ses mains qui resteraient à payer à la clôture de l'exercice seront reportées au budget de l'exercice suivant.

XXXVI.

Toutes les fois que les pièces justificatives désignées dans la nomenclature se rapportent à plusieurs payements distincts à effectuer par le même comptable, elles peuvent n'être produites qu'une fois; mais, dans ce cas, chaque mandat de payement auquel elles sont applicables doit énoncer le numéro et la date du mandat auquel elles ont été jointes; le comptable doit indiquer, en outre, la date du payement à l'appui duquel elles sont produites à la Cour, sans que la production de ces pièces puisse être différée au delà de l'époque de la clôture de l'exercice.

Cette règle n'est pas applicable aux acomptes d'une entreprise pour laquelle les pièces justificatives peuvent être rattachées au payement pour solde. (*Art. 3 du règlement du Ministère de l'Instruction publique de 1867*).

§ 4.

Écritures de l'agent comptable.

XXXVII.

La gestion financière des Facultés ou Écoles est établie par année et par exercice.

L'exercice est la période d'exécution des services d'un budget. Il prend la dénomination de l'année à laquelle il se rapporte.

Sont seuls considérés comme appartenant à un exercice, les services faits et les droits acquis du 1er janvier au 31 décembre de l'année qui lui donne son nom.

L'époque de la clôture de l'exercice en ce qui concerne les Facultés ou Écoles est fixée au 28 février de la seconde année pour la liquidation et l'ordonnancement des sommes dues aux créanciers, au 31 mars de cette seconde année pour compléter les opérations relatives au recouvrement des produits et au payement des dépenses.

XXXVIII.

Dans le courant du mois d'avril, les sommes à reporter en recettes et en dépenses à l'exercice courant font l'objet d'un état préparé dans les mêmes formes que celles indiquées par les articles 2 et 3 du décret du 22 février 1890 pour le vote du budget et soumis à l'approbation du Ministre (*modèle n° 7*).

XXXIX.

Conformément aux dispositions de l'article 4 de l'arrêté ministériel du 5 mars 1890, le percepteur ou receveur des droits universitaires, chargé des fonctions d'agent comptable de la Faculté ou établissement assimilé tient ses écritures dans les mêmes formes que celles qui sont prescrites pour la comptabilité des communes et des hospices.

XL.

Ce comptable tient à cet effet :

Le journal à souche ordinaire dont il fait usage en sa qualité de percepteur (*modèle n° 294 de l'Instruction générale du 20 juin 1859*);

Un livre de détail des recettes et des dépenses de chaque Faculté ou École (*modèle n° 12*);

Le livre des comptes divers dont il fait usage en sa qualité de percepteur et sur lequel il ouvre un compte spécial de recettes et de dépenses à chaque Faculté ou École ;

Enfin sa situation journalière provenant aussi bien de ses opérations pour le compte des Facultés ou Écoles que de ses autres services, est résumée sur le *livre récapitulatif.*

XLI.

Les quittances extraites du journal à souche ordinaire doivent indiquer très exactement la Faculté ou École pour le compte de laquelle les recouvrements sont effectués et la nature du produit encaissé. Les recouvrements et les payements sont inscrits chaque jour au livre des comptes divers (1re section), au compte ouvert à chacune des Facultés ou Écoles ; quant aux dépôts en compte courant que les Facultés ou Écoles sont autorisées à faire au Trésor, ils n'entrent pas dans la comptabilité de ces établissements et ce sont les récépissés remis par les receveurs des finances qui remplacent parmi les valeurs de caisse et de portefeuille le numéraire versé. Ces opérations seront donc décrites à la 4e section du livre des comptes divers concernant les valeurs de caisse et de portefeuille.

Les intérêts provenant des fonds déposés en compte courant doivent figurer en recette au budget des Facultés ou Écoles, chapitre Ier, article 1er « Revenus des biens meubles et immeubles » ; ils donnent lieu à la délivrance de quittances à souche par les agents comptables.

XLII.

Le livre de détail des recettes et des dépenses retrace jour par jour, et par chaque article du budget, le détail des recouvrements et des payements effectués. Les titres de perception, pour les recettes, et les émissions de mandats, pour les dépenses, y sont inscrits également dans les colonnes destinées à cet effet, à la date de réception de ces titres et des bordereaux d'émission. Ce livre présente ainsi, à tout instant, pour les dépenses, la situation des crédits ouverts des mandats émis et des payements effectués.

XLIII.

Afin de maintenir l'accord qui doit exister entre les écritures de l'ordonnateur et celles du payeur, dans les dix premiers jours de chaque mois, l'agent comptable doit remettre au doyen ou directeur un bordereau sommaire, par exercice et par article, des payements effectués sur ses mandats pendant le mois précédent (*modèle n° 13*).

Si aucun payement n'a été effectué, il doit être produit un bordereau négatif rappelant le total des sommes payées antérieurement. Ce bordereau présente également la situation sommaire des recouvrements effectués sur chaque article du budget. A la fin de chaque trimestre une expédition de ce document, visée par le doyen ou directeur, est adressée au receveur des finances.

XLIV.

Lors de la clôture de l'exercice, l'agent comptable remet au doyen ou directeur un bordereau détaillé des sommes restant à payer (*modèle n° 16*), en indiquant la nature de la créance, le nom des créanciers et la somme due ; il y joint les pièces justificatives des dépenses non acquittées.

XLV.

La gestion embrasse l'ensemble des actes d'un comptable soit pendant l'année, soit pendant la durée de ses fonctions, s'il y a eu mutation.

L'agent comptable établit tous les ans, avant le 1er juillet, le compte de sa gestion pour chaque Faculté ou établissement assimilé. Ce compte embrasse : 1° les opérations des douze premiers mois de l'exercice formant la deuxième partie de la gestion expirée ; 2° les opérations complémentaires du même exercice formant la première partie de la gestion suivante. D'un autre côté, pour que le comptable puisse établir sa situation au 31 décembre, on y rappelle sommairement l'excédent de recettes ou de dépenses résultant des opérations finales de l'exercice précédent (*première partie de la gestion expirée*) qui sont comprises dans son dernier compte de gestion.

Les recettes et les dépenses sont classées dans l'ordre des articles du budget. Sous le titre de «*services hors budget*», on comprend les opérations de recettes et de dépenses qui ne concernent pas directement la Faculté ou École. Ces opérations ont pour objet, notamment, les retenues sur traitements pour le service des pensions civiles et les retenues en vertu d'oppositions. Il n'y a pas d'exercice pour les services hors budget.

XLVI.

Le compte de l'agent comptable étant rendu par gestion et par exercice, l'agent comptable doit établir sa situation au 31 décembre et faire en outre ressortir le résultat final de l'exercice.

Pour établir la situation au 31 décembre, on totalise le solde en caisse au 31 décembre précédent, les recettes de la première partie de la gestion, celles de la deuxième partie et les opérations des services hors budget. On opère de même pour les dépenses. La différence entre le total des recettes et celui des dépenses doit être représentée par le solde en caisse au 31 décembre.

Pour obtenir le résultat final de l'exercice, on fait la récapitulation de toutes les opérations en recette et en dépense effectuées pendant l'exercice (du 1er janvier de la première année au 31 mars de la deuxième année) et on fait ressortir les excédents de recette ou de dépense qui résultent de cette comparaison.

XLVII.

La situation de caisse de l'agent comptable de la Faculté ou École au 31 décembre de chaque année est établie conformément au mode adopté pour le service des percepteurs receveurs municipaux. C'est-à-dire que le maire de la résidence de la Faculté ou École dresse le procès-verbal de vérification de caisse établissant le montant du numéraire et des valeurs existant dans la caisse du percepteur agent comptable, et vise en même temps le bordereau de situation sommaire qui doit y être joint, et qui fait ressortir la portion de l'encaisse correspondant au service de la Faculté ou École. Ces deux documents sont établis conformément aux modèles nos 308 et 311 de l'Instruction générale du 20 juin 1859 sur la comptabilité des percepteurs et receveurs des finances.

XLVIII.

L'agent comptable joint à l'appui de son compte les pièces ci-après :

1° Le procès-verbal de la situation de la caisse au 31 décembre du percepteur ou receveur des droits universitaires, agent comptable, procès-verbal auquel est joint le bordereau de situation sommaire qui fait ressortir la portion de l'encaisse correspondant au service de la Faculté ou École et qui doit être revêtu du visa du doyen ou directeur (*modèles nos 308 et 311 de l'Instruction générale du 20 juin 1859*);

2° Le bordereau sommaire des marchés passés pour les fournitures et travaux pendant l'année (*modèle n° 21*) ;

3° Le budget de l'exercice (*modèle n° 1*);

4° L'état des crédits supplémentaires (*modèle n° 20*);

5° L'état des propriétés foncières, des rentes et créances composant l'actif de la Faculté ou École (*modèle n° 19*);

6° L'état récapitulatif annuel des traitements et retenues (*modèle n° 23*).

Indépendamment des pièces principales indiquées ci-dessus, les agents comptables doivent produire, pour chacun des articles de recettes et de dépenses, les pièces justificatives (titres de perceptions, mandats acquittés, factures, mémoires, etc.) énumérées dans la nomenclature annexée au présent règlement.

Pour les recettes, les titres de perception sont classés par article et renfermés dans un bordereau détaillé qui en donne le nombre et le montant et présente également le détail des recouvrements effectués (*modèle n° 15*).

Pour les dépenses, les mandats acquittés par les parties prenantes et les pièces justificatives à l'appui sont classés par articles, et renfermés dans des bordereaux détaillés qui font connaître le nombre des pièces jointes à chaque mandat et les sommes payées (*modèle n° 17*).

Les bordereaux détaillés de recettes et de dépenses portent les numéros des articles du compte.

Un bordereau général des pièces transmises à l'appui de son compte doit être dressé par l'agent comptable (*modèle n° 24*).

XLIX.

Le compte de gestion (*modèle n° 18*) est certifié par l'agent comptable et visé par le doyen ou directeur. Il est, quel que soit le chiffre des recettes et des dépenses, réglé et apuré par la Cour des comptes. Il est transmis à la Cour avec toutes les pièces justificatives, avant le 1er juillet de la seconde année de l'exercice.

En cas de mutation de comptables, suivant que cette mutation a lieu avant ou après le 31 mars, le compte de gestion doit être établi conformément aux modèles nos 25, 26, 27 et 28.

NOMENCLATURE.

6.

NOMENCLATURE
DES PIÈCES JUSTIFICATIVES.

NOTE PRÉLIMINAIRE.

La nomenclature indique toujours les pièces justificatives en original.

A défaut de la minute de toute pièce justificative à produire à l'agent comptable, il peut y être suppléé par des copies dûment certifiées par les agents administratifs compétents, et mentionnant, s'il y a lieu, l'accomplissement de la formalité d'enregistrement.

Les copies remises aux parties pour être produites par elles au lieu et place de l'expédition originale sont délivrées sur timbre lorsque le timbre est exigé pour l'original.

Dans le cas où un procès-verbal d'adjudication, un marché, une décision, etc., se rapporteraient à plusieurs personnes ou à plusieurs entreprises distinctes, les originaux ou les copies peuvent être remplacés par des extraits certifiés qui doivent relater, en général, toutes les conditions de l'exécution du service et de la régularité du payement, ainsi que l'accomplissement, s'il y a lieu, de l'enregistrement et de toutes les autres formalités voulues, et qui seront complétés à cet effet, s'ils ne paraissent pas au comptable ou à la Cour contenir les indications nécessaires.

Les mandats, ainsi que les quittances des parties prenantes, sont toujours produits en original.

Dans tous les cas où les énonciations contenues dans les pièces produites ne paraîtraient pas suffisamment précises, les agents comptables peuvent se faire délivrer par les ordonnateurs, soit avant le payement, soit en exécution des arrêts de la Cour des comptes, des certificats administratifs qui complètent ces énonciations.

L'ordre qui a été suivi pour l'indication des pièces à produire à l'appui de chaque nature de dépense est celui des budgets des Facultés ou Écoles; c'est, en effet, dans cet ordre que les comptes sont dressés et que les payements et les justifications sont classés pour être soumis au contrôle judiciaire.

Les divers services des budgets des Facultés ou Écoles comprennent toutefois, dans des articles distincts, des dépenses analogues, pour lesquelles les pièces justificatives sont identiques, puisque ces pièces ne varient pas suivant la nature du service, mais seulement d'après le mode d'exécution déterminé le plus souvent par l'importance de la dépense, et que les mêmes règles ont été rendues applicables, par le décret du 31 mai 1862, aux traitements de tous les fonctionnaires et agents, aux fournitures et travaux de toute sorte.

Aussi, pour éviter les répétitions inutiles, la nomenclature présente, en premier lieu, la description complète des justifications communes applicables à tous les services, et, dans l'analyse des dépenses de ces services, elle renvoie, sous des lettres de référence, à chacune de ces justifications pour les articles qui s'y rapportent.

Ces justifications s'appliquent aux dépenses ci après :

PERSONNEL.

1° Traitements fixes et autres émoluments assimilés aux traitements, soumis aux retenues pour le service des pensions civiles (*Loi du 9 juin 1853*);

2° Indemnités périodiques annuelles ou temporaires, payables comme les traitements, mais exemptes de retenues pour le service des pensions;

3° Indemnités variables calculées d'après les tarifs et autres bases fixes de liquidation ;

4° Bourses;

5° Indemnités spéciales et gratifications ;

6° Secours;

7° Salaires journaliers ;

MATÉRIEL.

8° Fournitures de toute espèce;

9° Impressions fournies par l'Imprimerie nationale ;

10° Travaux de toute nature ;

11° Transports;

12° Acquisitions de propriétés immobilières;

13° Locations d'immeubles.

Quant aux dépenses qui ne rentrent pas dans ces catégories ou qui présentent un caractère particulier, l'indication des justifications spéciales qui leur sont applicables est détaillée pour chacune d'elles en regard des paragraphes où elles sont successivement mentionnées.

JUSTIFICATIONS.

TABLE SPÉCIALE.

PERSONNEL.

	Pages.
A. Traitements fixes (soumis aux retenues pour le service des pensions civiles)	49
B. Indemnités périodiques (annuelles ou temporaires)	50
C. Indemnités variables calculées sur des bases fixes de liquidation, tels que tarifs, etc.	50
C'. Bourses	51
D. Indemnités spéciales et gratifications	51
E. Secours	51
F. Salaires journaliers	52

MATÉRIEL.

			Pages.
G. Fournitures.	§ 1er. Fournitures exécutées en vertu d'adjudications publiques ou de marchés de gré à gré....	Payement unique ou intégral	52
		Payements fractionnés. — Premier acompte	53
		——— Acomptes subséquents.	54
		——— Solde	54
	§ 2. Fournitures exécutées sur simples mémoires		55
H. Impressions fournies par l'Imprimerie nationale		Payement unique ou intégral	55
		Payements fractionnés. — Acomptes	55
		Solde	56
I. Travaux....	§ 1er. Travaux exécutés en vertu d'adjudications publiques ou de marchés de gré à gré...	Payement unique ou intégral	56
		Payements fractionnés. — Premier acompte	57
		——— Acomptes subséquents	57
		——— Solde	58
	§ 2. Travaux exécutés sur simple mémoire		59
	§ 3. Travaux en régie par économie		59
J. Transports			60
K. Acquisitions et échanges de propriétés immobilières d'après les règles du droit commun	§ 1er. Immeubles appartenant à des personnes capables		63
	§ 2. Immeubles appartenant à des mineurs, interdits, incapables, etc.		65
	§ 3. Immeubles appartenant à des femmes mariées		66
	§ 4. Immeubles appartenant à des départements, des communes ou des établissements publics		66
L. Locations d'immeubles	1er payement		67
	Payements subséquents		67

EXTRAIT

DE

LA NOMENCLATURE DU RÈGLEMENT DES DÉPENSES

DU MINISTÈRE DE L'INSTRUCTION PUBLIQUE.

JUSTIFICATIONS APPLICABLES

À LA COMPTABILITÉ

DES

FACULTÉS ET DES ÉTABLISSEMENTS D'ENSEIGNEMENT SUPÉRIEUR ASSIMILÉS.

PERSONNEL.

A. — TRAITEMENTS FIXES SOUMIS AUX RETENUES POUR LE SERVICE DES PENSIONS CIVILES.

(*Loi du 9 juin 1853.*)

1° État nominatif dûment arrêté, *indiquant pour chaque fonctionnaire ou agent :*

1° Le grade et l'emploi ;

2° Le chiffre du traitement annuel ;

3° La durée du service ;

4° La somme brute à ordonnancer ;

5° Le montant des retenues à exercer au profit du Trésor pour le service des pensions civiles en exécution de la loi du 9 juin 1853, savoir :

Retenue de 5 p. o/o ;

Retenue du premier douzième de traitement ou d'augmentation ;

Retenue pour congé, absence ou mesure disciplinaire.

Et pour déterminer le montant desdites retenues :

En cas de nomination nouvelle ou de promotion, la date de la décision, l'époque de l'entrée en jouissance, la position et le traitement antérieurs.

En cas d'absence pour service public, la nature du service.

En cas d'absence par suite de congé, la date de la décision qui a accordé le congé, avec ou sans dispense de retenue, la nature et la durée du congé, l'époque de la cessation et de la reprise des fonctions.

En cas de retenues disciplinaires, la date de la décision qui en a fixé le montant.

6° *Pour les retenues autres que celles à exercer pour le service des pensions civiles :* la nature et le montant de la retenue et la date de la décision qui l'a prescrite;

7° La somme nette à payer, *déduction faite du montant des retenues;*

8° *En ce qui concerne le cumul, ledit état contenant* la déclaration des parties elles-mêmes qu'elles ne remplissent aucun emploi et qu'elles ne jouissent d'aucun traitement ou pension, et, dans le cas contraire, l'indication précise de ces traitements ou pensions.

2° QUITTANCE de l'ayant droit par émargement ou séparée ;

Et, de plus, en cas d'ordonnancement collectif;

3° ACQUIT de la personne autorisée à recevoir.

B. — INDEMNITÉS PÉRIODIQUES ANNUELLES OU TEMPORAIRES.

(*Exemptes des retenues pour le service des pensions civiles.*)

1° ÉTAT NOMINATIF dûment arrêté, *indiquant pour chaque fonctionnaire ou agent;*

1° Le grade et l'emploi ;

2° Le chiffre de l'indemnité annuelle ;

3° La durée du service ;

4° *Dans le cas où ladite indemnité n'est pas portée au budget :* la date de la décision qui l'a fixée ;

5° La somme à payer ;

2° QUITTANCE de l'ayant droit par émargement ou séparée ;

Et, de plus, en cas d'ordonnancement collectif :

3° ACQUIT de la personne autorisée à recevoir.

C. — INDEMNITÉS VARIABLES CALCULÉES D'APRÈS DES TARIFS ET AUTRES BASES FIXES DE LIQUIDATION.

(*Exemptes des retenues pour le service des pensions civiles.*)

(TRAVAUX EXTRAORDINAIRES, FRAIS DE TOURNÉES, DE MISSIONS, ETC.

1° ÉTAT NOMINATIF dûment arrêté, présentant les bases du calcul des droits acquis et la somme à payer à chaque fonctionnaire ou agent ;

2° Tarifs ou autres actes qui ont fixé ces bases.

Nota. Si ces pièces ont été produites antérieurement, ou si elles ont été insérées soit dans le *Bulletin des lois*, soit dans d'autres recueils officiels, il suffira de mentionner cette circonstance en indiquant le numéro du Bulletin, ou le compte antérieur et le mandat à l'appui desquels la pièce a été produite.

3° Quittance de l'ayant droit par émargement ou séparée ;

Et, de plus, en cas d'ordonnancement collectif:

4° Acquit de la personne autorisée à recevoir.

C'. — BOURSES.

(*Exemptes des retenues pour le service des pensions civiles.*)

1° Copies, certifiées par le doyen ou directeur, des délibérations, arrêtés ou décisions qui ont attribué les bourses ;

2° Quittance de l'ayant droit.

D. — INDEMNITÉS SPÉCIALES ET GRATIFICATIONS.

(*Exemptes des retenues pour le service des pensions civiles.*)

1° Décision qui accorde l'indemnité ou la gratification ;

2° Quittance de l'ayant droit par émargement ou séparée ;

Et, de plus, en cas d'ordonnancement collectif :

3° État nominatif, dûment approuvé, indiquant la somme accordée à chacun des fonctionnaires et agents y dénommés ;

4° Acquit de la personne autorisée à recevoir.

E. — SECOURS.

1° Décision qui accorde le secours ;

Nota. Pour les secours périodiques, la décision est produite à l'appui du premier payement ; il suffit de s'y reporter pour les payements suivants.

2° Quittance de l'ayant droit ;

3° Certificat de vie du titulaire, *si le payement est fait à un fondé de pouvoirs.*

F. — SALAIRES.

(*Exempts des retenues pour le service des pensions civiles.*)

1° État nominatif, dûment arrêté, indiquant, pour chacun des agents y dénommés, le prix fixé, le nombre des journées et la somme à payer;

2° Quittance de l'ayant droit par émargement ou séparée.

MATÉRIEL.

G. — FOURNITURES.

§ 1er. — FOURNITURES EXÉCUTÉES EN VERTU D'ADJUDICATIONS PUBLIQUES OU DE MARCHÉS DE GRÉ À GRÉ.

Payement unique ou intégral.

1° Procès-verbal d'adjudication ou marché de gré à gré (T), dûment approuvé et enregistré;

2° Cahier des charges (T);

Nota. Si le cahier des charges est un document administratif d'une application générale et ne constitue pas une annexe spéciale du marché, l'original est exempté du timbre.

3° Devis ou soumission (T), contenant l'indication des fournitures et des prix, lorsque ces détails ne résultent ni du procès-verbal d'adjudication ou du marché (n° 1), ni du cahier des charges (n° 2):

4° Certificat constatant la réalisation du cautionnement ou la dispense qui en a été donnée;

5° Facture (T) ou mémoire (T), dûment certifié et arrêté, contenant le détail des fournitures en quantités, les prix d'unités, la date des livraisons et la somme à payer;

6° Certificat constatant l'exécution du service dans les délais et suivant les conditions stipulées, faisant connaître, *s'il y a lieu*, la date des ordres de livraisons, *et, de plus,* mentionnant la prise en charge par qui de droit des fournitures, ou le numéro d'inscription sur l'inventaire ou le catalogue des objets qui en sont susceptibles;

Matériel. — G. Fournitures.

7° *En cas d'exonération ou de réduction des retenues encourues pour retard dans les livraisons ;*

Décision qui a prononcé cette exonération ou réduction;

8° Quittance de l'ayant droit;

9° *En cas de traité de gré à gré pour les fournitures au-dessous de 20,000 francs, ou de 5,000 francs par an, si elles embrassent plusieurs années :*

Certificat de l'ordonnateur, relatant l'une des exceptions spécifiées par l'article 18 du décret du 18 novembre 1882.

Nota. 1° Lorsque les fournitures résultant d'une même adjudication ou d'un même marché sont scindées, mais que chaque livraison fait l'objet d'une liquidation distincte et complète, dont le montant est ordonnancé intégralement, on produit à l'appui du premier payement toutes les justifications indiquées ci-dessus; pour les payements suivants, les justifications n°s 5, 6, 7 (*s'il y a lieu*) et 8, sont seules produites; et il suffit de rappeler le numéro du mandat à l'appui duquel les justifications n°s 1, 2, 3, 4 et 9 (*s'il y a lieu*) ont été jointes antérieurement, ainsi que la date et le lieu du payement.

Chaque facture ou mémoire doit rappeler la situation de l'entrepreneur quant aux quantités qu'il était tenu de fournir aux termes de son marché.

2° En cas de *traité à forfait,* il n'est pas nécessaire que le mémoire contienne le décompte détaillé en quantités et deniers, qui ne serait que la reproduction textuelle du devis ou du cahier des charges.

Payements fractionnés.

REMIER ACOMPTE.

1° Extrait certifié du procès-verbal d'adjudication ou du marché, mentionnant l'approbation et l'enregistrement.

2° Extrait du cahier des charges faisant connaître le montant du cautionnement et les conditions du payement;

3° Certificat constatant la réalisation du cautionnement ou la dispense qui en a été donnée;

4° Décompte portant liquidation des fournitures effectuées, indiquant la somme à ordonnancer, et, *s'il y a lieu*, la somme retenue (T, si le décompte est revêtu de la signature ou de l'approbation du fournisseur);

5° Quittance de l'ayant droit;

6° *En cas de traité de gré à gré pour les fournitures au-dessus de 20,000 francs, ou de 5,000 francs par an, si elles embrassent plusieurs années;*

Certificat de l'ordonnateur, relatant l'une des exceptions spécifiées par l'article 18 du décret du 18 novembre 1882.

Matériel. — G. Fournitures.

ACOMPTES SUBSÉQUENTS.

1° DÉCOMPTE portant liquidation des fournitures effectuées, indiquant, *s'il y a lieu*, la somme retenue, le détail des acomptes payés, les dates et numéros des mandats en vertu desquels ces payements ont été faits, le montant et le numéro d'ordre de l'acompte à ordonnancer (T, si le décompte est revêtu de la signature ou de l'approbation du fournisseur);

2° QUITTANCE de l'ayant droit.

PAYEMENT POUR SOLDE.

1° PROCÈS-VERBAL D'ADJUDICATION OU MARCHÉ DE GRÉ À GRÉ (T), dûment approuvé et enregistré;

2° CAHIER DES CHARGES (T);

NOTA. Si le cahier des charges est un document administratif d'une application générale et ne constitue pas une annexe spéciale du marché, l'original est exempté du timbre.

3° DEVIS OU SOUMISSION (T) contenant l'indication des fournitures et des prix, lorsque ces détails ne résultent ni du procès-verbal d'adjudication ou du marché (n° 1), ni du cahier des charges (n° 2);

4° FACTURE (T) OU MÉMOIRE (T), dûment vérifié et arrêté, contenant le détail en quantités, les prix d'unité et le montant total des fournitures, ainsi que la date des livraisons;

5° DÉCOMPTE relatant les acomptes payés, les dates et numéros des mandats antérieurs, et la somme à payer (T, si le décompte est revêtu de la signature ou de l'approbation du fournisseur);

6° CERTIFICAT constatant l'exécution du service dans les délais et suivant les conditions stipulées, faisant connaître, *s'il y a lieu*, la date des ordres de livraison, *et, de plus*, mentionnant la prise en charge par qui de droit des fournitures, ou le numéro d'inscription sur l'inventaire ou le catalogue des objets qui en sont susceptibles;

7° *En cas d'exonération ou de réduction des retenues encourues pour retard dans les livraisons:*

Décision qui a prononcé cette exonération ou cette réduction;

8° QUITTANCE de l'ayant droit.

NOTA. Lorsque les adjudications ou marchés sont passés pour plusieurs années, et que les dépenses se soldent par exercice, on produit à l'appui du payement de solde du premier exercice toutes les justifications indiquées ci-dessus. Pour les payements de solde de chacun des exercices ultérieurs, les justifications n°s 4, 5, 6, 7 (*s'il y a lieu*) et 8 sont seules produites, et il suffit de rappeler le numéro du mandat à l'appui duquel les justifications n°s 1, 2 et 3 ont été produites, ainsi que la date et le lieu de payement.

§ 2. — FOURNITURES EXÉCUTÉES SUR SIMPLE MÉMOIRE, LORSQUE LA DÉPENSE N'EXCÈDE PAS 1,500 FRANCS.

1° FACTURE (T) ou MÉMOIRE (T), dûment vérifié et arrêté, contenant le détail des fournitures en quantités, les prix d'unité, la date de la livraison et la somme à payer;

2° CERTIFICAT constatant la prise en charge des fournitures, ou indiquant le numéro d'inscription sur l'inventaire ou le catalogue des objets qui en sont susceptibles;

3° QUITTANCE de l'ayant droit.

NOTA. Lorsqu'il est payé un ou plusieurs acomptes sur le montant d'un mémoire, les pièces justificatives doivent être fournies à l'appui du payement du premier acompte. On s'y réfère pour les payements suivants.

H. — IMPRESSIONS FOURNIES PAR L'IMPRIMERIE NATIONALE.

Payement unique ou intégral.

1° Copie ou extrait des TARIFS annuels dûment approuvés;

2° MÉMOIRE liquidé et arrêté, présentant le détail en quantité et les prix d'unité;

3° CERTIFICAT de prise en charge des fournitures faites;

4° QUITTANCE à souche dûment contrôlée, souscrite par le caissier de l'Imprimerie;

5° ACQUIT pour duplicata donné par ce comptable sur le mandat, lequel doit porter le *vu bon à payer* du chef du bureau de la comptabilité de l'Imprimerie nationale et le visa du contrôleur près cet établissement.

Payements fractionnés.

ACOMPTES.

1° DÉCOMPTE du service fait, faisant ressortir la somme à payer pour le premier acompte; et pour les payements suivants, rappelant, en outre, les acomptes payés et les dates et numéros des mandats antérieurs;

2° QUITTANCE à souche, comme ci-dessus;

3° ACQUIT pour duplicata, comme ci-dessus.

SOLDE.

Mêmes justifications qu'au payement intégral;

Et, de plus,

DÉCOMPTE rappelant les acomptes payés, les dates et numéros des mandats antérieurs.

I. — TRAVAUX.

§ 1er. — TRAVAUX EXÉCUTÉS EN VERTU D'ADJUDICATIONS PUBLIQUES OU DE MARCHÉS DE GRÉ À GRÉ.

Payement unique ou intégral.

1° DÉCISION approbative des travaux.

2° PROCÈS-VERBAL D'ADJUDICATION (T) OU MARCHÉ DE GRÉ À GRÉ (T), dûment approuvé et enregistré;

3° CAHIER DES CHARGES (T);

NOTA. Si le cahier des charges est un document administratif d'une application générale et ne constitue pas une annexe spéciale du marché, l'original est exempté du timbre.

4° DEVIS ESTIMATIF (T);

5° SÉRIE DES PRIX (T);

6° CERTIFICAT constatant la réalisation du cautionnement ou la dispense qui en a été donnée;

7° FACTURE (T) ou DÉCOMPTE administratif des travaux exécutés dûment vérifié, et arrêté, contenant le détail des travaux, l'application des prix par article, la date de l'exécution et la somme à payer (T, si le décompte est revêtu de la signature ou de l'approbation de l'entrepreneur);

8° PROCÈS-VERBAL DE RÉCEPTION DÉFINITIVE constatant l'exécution du service dans les délais et suivant les conditions stipulées;

NOTA. Dans le cas où il ne serait pas dressé de procès-verbal de réception définitive, il est produit un certificat administratif contenant les mêmes énonciations.

9° *En cas d'exonération ou de réduction des retenues encourues pour retard :*

DÉCISION qui a prononcé l'exonération ou la réduction;

10° QUITTANCE de l'ayant droit;

11° *En cas de traité de gré à gré pour les travaux au-dessus de 20,000 francs, ou de 5,000 francs par an, s'ils embrassent plusieurs années :*

Matériel. — I. Travaux.

CERTIFICAT de l'ordonnateur, relatant l'une des exceptions spécifiées par l'article 18 du décret du 18 novembre 1882.

NOTA. 1° Lorsque les travaux résultant d'une même adjudication ou d'un même marché sont scindés et constituent plusieurs entreprises distinctes qui font l'objet, chacune, d'une liquidation spéciale dont le montant est ordonnancé intégralement, on produit à l'appui du premier payement toutes les justifications indiquées ci-dessus; pour les payements suivants, les justifications n°s 7, 8, 9 (*s'il y a lieu*) et 10 sont seules produites, et il suffit de rappeler le numéro du mandat à l'appui duquel les justifications n°s 1, 2, 3, 4, 5 et 6 ont été jointes antérieurement, ainsi que la date et le lieu de payement.

Chaque facture ou décompte doit rappeler la situation de l'entrepreneur quant à l'ensemble du marché.

2° En cas de traité à forfait, il n'est pas nécessaire que le décompte contienne le détail des travaux et des prix, qui ne serait que la reproduction textuelle du devis.

Payements fractionnés.

PREMIER ACOMPTE.

1° DÉCISION APPROBATIVE des travaux.

2° EXTRAIT certifié du PROCÈS-VERBAL D'ADJUDICATION ou du MARCHÉ, mentionnant l'approbation et l'enregistrement ;

3° EXTRAIT du CAHIER DES CHARGES faisant connaître le montant du cautionnement et les conditions du payement ;

4° CERTIFICAT constatant la réalisation du cautionnement ou la dispense qui en a été donnée ;

5° DÉCOMPTE portant liquidation des travaux effectués, indiquant la somme à ordonnancer et la somme retenue (T, si le décompte est revêtu de la signature ou de l'approbation de l'entrepreneur);

6° QUITTANCE de l'ayant droit ;

7° *En cas de traité de gré à gré pour les travaux au-dessus de 20,000 francs, ou de 5,000 francs par an, s'ils embrassent plusieurs années :*

CERTIFICAT de l'ordonnateur, relatant l'une des exceptions spécifiées par l'article 18 du décret du 18 novembre 1882.

ACOMPTES SUBSÉQUENTS.

1° DÉCOMPTE portant liquidation des travaux effectués, indiquant la somme retenue, le détail des acomptes payés, les dates et numéros des mandats en vertu desquels les payements ont été faits, le montant et le numéro d'ordre de l'acompte à ordonnancer (T, si le décompte est revêtu de la signature ou de l'approbation de l'entrepreneur);

2° Quittance de l'ayant droit.

PAYEMENT POUR SOLDE.

1° Procès-verbal d'adjudication (T) ou marché de gré à gré (T) dûment approuvé et enregistré;

2° Cahier des charges (T);

Nota. Si le cahier des charges est un document administratif d'une application générale et ne constitue pas une annexe spéciale du marché, l'original est exempté du timbre.

3° Devis estimatif (T);

4° Série des prix (T);

5° Facture (T) ou Décompte administratif des travaux exécutés, dûment vérifié et arrêté, contenant l'application des prix par article, le montant total des travaux et la date de l'exécution (T, si le décompte est revêtu de la signature ou de l'approbation de l'entrepreneur);

6° Décompte général de l'entreprise relatant les acomptes payés, les dates et numéros des ordonnances ou mandats antérieurs et la somme à payer (T, si le décompte est revêtu de la signature ou de l'approbation de l'entrepreneur);

7° Procès-verbal de réception définitive constatant l'exécution du service dans les délais et suivant les conditions stipulées;

Nota. Dans le cas où il ne serait pas dressé de procès-verbal de réception définitive, il est produit un certificat administratif contenant les mêmes énonciations.

8° *En cas d'exonération ou de réduction des retenues encourues pour retard :*

Décision qui a prononcé l'exonération ou la réduction;

9° Quittance de l'ayant droit;

10° *En cas d'exécution de travaux durant plusieurs années :*

A l'appui du payement de solde de la dernière année :

Décompte général de l'entreprise, détaillé et dûment certifié (T, si le décompte est revêtu de la signature ou de l'approbation de l'entrepreneur).

Nota. Lorsque les adjudications ou marchés sont passés pour plusieurs années et que les dépenses se soldent par exercice, on produit, à l'appui du payement de solde du premier exercice, toutes les justifications indiquées ci-dessus; pour les payements de solde de chacun des exercices ultérieurs, les justifications nos 5, 6, 7, 8 (*s'il y a lieu*) et 9 sont seules produites, et il suffit de rappeler le numéro du mandat à l'appui duquel les justifications nos 1, 2, 3 et 4 ont été jointes antérieurement, ainsi que la date et le lieu du payement.

Matériel. — I. Travaux.

§ 2. — TRAVAUX EXÉCUTÉS SUR SIMPLE MÉMOIRE, LORSQUE LA DÉPENSE N'EXCÈDE PAS 1,500 FRANCS.

1° MÉMOIRE (T) dûment arrêté, réglé (*s'il y a lieu*) et contenant le détail en quantités, les prix d'unité et la somme à payer;

2° CERTIFICAT constatant l'exécution des travaux;

3° QUITTANCE de l'ayant droit.

NOTA. Lorsqu'il est payé un ou plusieurs acomptes sur le montant d'un mémoire, les pièces doivent être fournies à l'appui du payement du premier acompte; on s'y réfère pour les payements suivants.

§ 3. — TRAVAUX EN RÉGIE.

1° DÉCISION autorisant l'exécution des travaux et la mise en régie desdits travaux;

2° DÉCISION OU ARRÊTÉ nommant le régisseur;

3° ACQUIT de l'agent comptable sur le mandat d'avance;

4° BORDEREAU détaillé de l'emploi des fonds avancés, visé par l'ordonnateur et appuyé des pièces ci-après, savoir :

Salaires à la journée et à la tâche.

1° RÔLES des journées d'ouvriers, ÉTATS OU MÉMOIRES des tâcherons, attestés par le régisseur, et indiquant le prix convenu, ainsi que le nombre des journées, ou le détail des travaux effectués à la tâche.

2° QUITTANCES des ayants droit par émargements ou séparées.

Fournitures.

1° MÉMOIRES (T) OU FACTURES (T), attestés par le régisseur, contenant la date et le détail des livraisons en quantités et deniers et la somme à payer;

2° CERTIFICAT constatant la prise en charge des fournitures, ou indiquant le numéro d'inscription sur l'inventaire des objets qui en sont susceptibles;

3° QUITTANCE de l'ayant droit;

Et, dans le cas où les travaux ou fournitures seraient exécutés en vertu d'adjudications ou de marchés :

Les pièces exigées par la présente nomenclature : pour les fournitures, par la justification G *ci-dessus,* §§ 1 et 2, et pour les travaux, par la présente justification I, §§ 1 et 2.

NOTA. Lorsqu'il est délivré successivement plusieurs mandats d'avance, on produit à l'appui de la première avance, toutes les justifications indiquées ci-dessus; pour les avances suivantes, les justifications n°s 3 et 4 sont seules produites, et il suffit de rappeler le numéro et la date des mandats à l'appui desquels les justifications n°s 1 et 2 ont été transmises, ainsi que la date et le lieu du payement.

Pour toutes les avances, excepté la première, le bordereau d'emploi des fonds doit relater la situation des avances antérieures.

J. — TRANSPORTS.

§ 1er — TRANSPORTS EXÉCUTÉS EN VERTU D'ADJUDICATIONS PUBLIQUES OU DE MARCHÉS DE GRÉ À GRÉ.

Payement unique ou intégral.

1° PROCÈS-VERBAL D'ADJUDICATION (T) ou MARCHÉ DE GRÉ À GRÉ (T), dûment approuvé et enregistré;

2° CAHIER DES CHARGES (T);

NOTA. Si le cahier des charges est un document d'une application générale et ne constitue pas une annexe spéciale du marché, l'original est exempté du timbre.

3° TARIFS et ÉTATS des distances entre les différents points à desservir:

4° CERTIFICAT constatant la réalisation du cautionnement ou la dispense qui en a été donnée;

5° FACTURE (T) indiquant les bases de la liquidation et le montant total des transports effectués;

6° DÉCOMPTE de liquidation présentant, *s'il y a lieu,* le calcul des retenues encourues pour retard, perte ou avarie, et, en cas d'exonération ou de réduction des retenues pour retards, accordée par décision administrative, mentionnant la date de cette décision et établissant la somme nette à payer (T, si le décompte est revêtu de la signature ou de l'approbation de l'entrepreneur);

7° *Pour les transports de matériel* : LETTRES DE VOITURE (T), ACQUITS-À-CAUTION ou justifications analogues constatant la date du départ et celle de la réception par le destinataire des objets transportés, *et, en cas de perte ou d'avarie,*

PROCÈS-VERBAL faisant connaître la nature, le nombre et la valeur des objets perdus;

Pour les transports de personnel : RÉQUISITION ou justification analogue donnant la date du départ et celle de l'arrivée, dûment certifiée;

8° QUITTANCE de l'ayant droit;

9° *En cas de traité de gré à gré pour les transports au-dessus de 20,000 francs, ou de 5,000 francs par an, s'ils embrassent plusieurs années :*

CERTIFICAT de l'ordonnateur, relatant l'une des exceptions spécifiées par l'article 18 du décret du 18 novembre 1882.

En cas d'exécution des transports de matériel par abonnement et à forfait : Les justifications ci-dessus n°s 1, 2, 4, 5, et, s'il y a lieu, 9; *et, de plus*, CERTIFICAT constatant la régulière exécution du service.

NOTA. Lorsque les adjudications ou marchés pour transports sont passés pour plusieurs années et que les dépenses se soldent par exercice, on produit, à l'appui du payement de solde du premier exercice, toutes les justifications indiquées ci-dessus; pour le payement de solde de chacun des exercices ultérieurs, les justifications 5, 6, 7 et 8 sont seules produites, et il suffit de rappeler le numéro du mandat à l'appui duquel les justifications n°s 1, 2, 3, 4 et 9 (*s'il y a lieu*) ont été produites, ainsi que la date et le lieu du payement.

Payements fractionnés.

PREMIER ACOMPTE.

1° EXTRAIT certifié du PROCÈS-VERBAL D'ADJUDICATION ou du MARCHÉ, mentionnant l'approbation et l'enregistrement;

2° EXTRAIT certifié du CAHIER DES CHARGES faisant connaître le montant du cautionnement et les conditions du payement;

3° CERTIFICAT constatant la réalisation du cautionnement ou la dispense qui en a été donnée;

4° DÉCOMPTE portant liquidation des transports effectués et indiquant la somme retenue et la somme à payer; (T, si le décompte est revêtu de la signature ou de l'approbation de l'entrepreneur);

5° QUITTANCE de l'ayant droit;

6° *En cas de traité de gré à gré pour les transports au-dessus de 20,000 francs, ou de 5,000 francs par an, lorsqu'ils embrassent plusieurs années :*

CERTIFICAT de l'ordonnateur, relatant l'une des exceptions spécifiées par l'article 18 du décret du 18 novembre 1882.

Matériel. — J. Transports.

ACOMPTES SUBSÉQUENTS.

1° Décompte portant liquidation des transports effectués, indiquant la somme retenue, le détail des acomptes payés, les dates et numéros des mandats en vertu desquels ces payements ont été faits, le montant et le numéro d'ordre du payement à ordonnancer (T, si le décompte est revêtu de la signature ou de l'approbation de l'entrepreneur);

2° Quittance de l'ayant droit.

PAYEMENT POUR SOLDÉ.

1° Procès-verbal d'adjudication ou marché de gré à gré (T), dûment approuvé et enregistré;

2° Cahier des charges (T);

Nota. Si le cahier des charges est un document administratif d'une application générale et ne constitue pas une annexe spéciale du marché, l'original est exempté du timbre.

3° Tarifs et états des distances entre les différents points à desservir;

4° Facture (T) indiquant le détail des expéditions, les bases de la liquidation et le montant total des transports effectués;

5° Décompte de liquidation présentant, *s'il y a lieu*, le calcul des retenues encourues pour retard, perte ou avarie, et, en cas d'exonération ou de réduction des retenues pour retard accordée par décision administrative, mentionnant la date de cette décision; ledit décompte relatant en outre les acomptes payés, les dates et numéros des mandats intérieurs, et la somme à payer; (T, si le décompte est revêtu de la signature ou de l'approbation de l'entrepreneur);

6° *Pour les transports de matériel:* Lettre de voiture (T), acquits-à-caution ou justification analogue constatant la date du départ et celle de la réception, par le destinataire, des objets transportés, et, *en cas de perte ou d'avarie*: Procès-verbal faisant connaître la nature, le nombre et la valeur des objets perdus ou avariés;

Pour les transports de personnel: Réquisition ou justification analogue donnant les dates de départ et d'arrivée dûment certifiées;

7° Quittance de l'ayant droit.

Nota. — Lorsque l'entreprise du transport embrasse plusieurs années et que les dépenses se soldent par exercice, on produit à l'appui du payement de solde du premier exercice, toutes les justifications indiquées ci-dessus; pour le payement de solde de chacun des exercices ultérieurs, les justifications n°s 4, 5, 6, 7 (*s'il y a lieu*) et 9 sont seules produites, et il suffit de rappeler le numéro du mandat à l'appui duquel les justifications n°s 1, 2 et 3 ont été produites, ainsi que la date et le lieu du payement.

§ 2. — TRANSPORTS EXÉCUTÉS SUR SIMPLE MÉMOIRE, LORSQUE LA VALEUR N'EXCÈDE PAS 1,500 FRANCS.

1° MÉMOIRE (T), dûment réglé et arrêté, présentant les bases de la liquidation;

2° QUITTANCE de l'ayant droit;

Et, de plus, la justification n° 6 ci-dessus.

§ 3. — NOLIS DE BÂTIMENTS.

1° CHARTE-PARTIE (T);

2° CONNAISSEMENTS (*s'il y a lieu*);

3° CERTIFICATS d'embarquement et de débarquement;

4° FACTURE (T) ou DÉCOMPTE présentant les bases de la liquidation, appuyé *s'il y a lieu*) des PROCÈS-VERBAUX justificatifs des frais de starie et de surestarie, et des CERTIFICATS constatant le cours du change;

5° QUITTANCE de l'ayant droit.

NOTA. Lorsqu'il est fait des avances au départ, on produit à l'appui du payement des avances, outre la quittance, la CHARTE-PARTIE et le CERTIFICAT d'embarquement; les autres justifications sont produites à l'appui du payement pour solde, et, dans ce cas, la FACTURE ou le DÉCOMPTE mentionne les avances payées antérieurement.

K. — ACQUISITIONS ET ÉCHANGES DE PROPRIÉTÉS IMMOBILIÈRES D'APRÈS LES RÈGLES DU DROIT COMMUN.

§ 1er. — IMMEUBLES APPARTENANT A DES PERSONNES CAPABLES.

1° DÉCRET ou DÉCISION qui a autorisé l'acquisition ou l'échange;

2° ACTE DE VENTE (T) notarié ou administratif, JUGEMENT D'ADJUDICATION (T), ou tout autre TITRE constatant l'acquisition et la transmission de la propriété, transcrit au bureau des hypothèques et enregistré;

NOTA. Les copies produites doivent relater *textuellement* la transcription et la mention de l'enregistrement.

Matériel. — K. Acquisitions et échanges, etc.

3° Les justifications constatant la PURGE des privilèges et hypothèques, et des droits réels transcrits en vertu de la loi du 23 mars 1855 [1], savoir :

1° CERTIFICAT (T) négatif, délivré après transcription par le conservateur des hypothèques, relatant expressément qu'il s'applique aux mentions et transcriptions désignées par les articles 1 et 2 de ladite loi;

Ou, *s'il y a lieu*, ÉTAT (T), des inscriptions, et, en outre, desdites transcriptions et mentions [2];

Dans les cas où lesdits certificats ou états ne seraient pas délivrés quarante-cinq jours au moins après la date de l'acte de vente :

CERTIFICAT (T) du conservateur, constatant qu'il n'existe pas d'inscriptions prises pour la conservation du privilège spécial mentionné par l'article 6 de ladite loi, ou ÉTAT (T) des inscriptions prises pour cet objet;

Dans le cas où il existerait des inscriptions, si le montant du prix n'est pas versé à la Caisse des consignations :

3° CERTIFICAT (T) de radiation desdites inscriptions, délivré par le conservateur des hypothèques [3].

4° Les justifications constatant la PURGE DES HYPOTHÈQUES LÉGALES [4] (*art. 2194 du Code civil*), savoir :

1° CERTIFICAT (T) de dépôt du contrat au greffe pour être affiché;

2° EXPLOIT (T) de notification au Procureur de la République et aux parties intéressées;

3° CERTIFICAT (T) d'affiche pendant deux mois;

4° Exemplaire certifié de la FEUILLE D'ANNONCES JUDICIAIRES du département, contenant l'insertion de l'exploit de notification;

---

[1] Si le prix d'acquisition n'excède pas 500 francs, la purge des hypothèques n'est pas nécessaire.

[2] L'état des inscriptions ou le certificat négatif doivent énoncer formellement qu'il n'y a pas d'inscription au profit du Crédit foncier (*Décret-loi du 28 février 1852, art. 47.*)

[3] Le payement peut être fait sur la production d'une quittance notariée portant mainlevée des inscriptions; cette pièce est produite à défaut de certificat de radiation.

[4] En cas d'acquisition sur saisie immobilière, il n'y a pas lieu de procéder à la purge des hypothèques légales. (*Art. 717 du Code de procédure civile, modifié par la loi du 21 mai 1858.*)

5° CERTIFICAT (T) du conservateur des hypothèques, constatant qu'aucune inscription n'a été requise sur l'immeuble acquis pendant deux mois à dater de l'insertion (*avis du Conseil d'État du 1er juin 1807*), ou, *s'il y a lieu,* ÉTAT des inscriptions;

6° *Dans le cas où il existerait des inscriptions, si le montant du prix n'est pas versé à la Caisse des consignations;*

CERTIFICAT (T) de radiation desdites inscriptions, délivré par le conservateur des hypothèques.

NOTA. Toutes les justifications concernant la purge des hypothèques et des hypothèques légales sont produites en original.

5° DÉCOMPTE de liquidation en principal et intérêts du prix d'acquisition (1);

6° QUITTANCE de l'ayant droit;

Si le montant du prix de vente est versé à la Caisse des dépôts et consignations par suite d'inscription :

Les justifications ci-dessus, à l'exception du certificat de radiation, 3°, n° 3, et 4°, n° 6, et de la quittance de l'ayant droit, 6°;

Et, de plus :

7° DÉCISION ou ARRÊTÉ motivé de l'ordonnateur, prescrivant la consignation et visant la date de la délivrance, par le conservateur des états d'inscriptions;

NOTA. L'état des inscriptions, 3°, n° 1, et 4°, n° 5, est remis à la Caisse des dépôts et consignations et n'est pas produit à la Cour des comptes.

8° RÉCÉPISSÉ du préposé de la Caisse des dépôts et consignations.

§ 2. — IMMEUBLES APPARTENANT À DES MINEURS, INTERDITS, ABSENTS OU INCAPABLES, OU FAISANT PARTIE DE MAJORATS.

Les mêmes justifications qu'au paragraphe 1er;

Et, de plus :

9° JUGEMENT (T) autorisant la vente;

---

(1) Dans le cas exceptionnel où des intérêts du prix capital de l'immeuble seraient payés avant ce capital, on ne sera tenu de produire à l'appui du premier payement pour intérêts, outre la quittance, que les justifications nos 1, 5, et, de plus, un extrait certifié de l'acte d'acquisition, faisant connaître notamment les conditions de prix et de payement.

Les autres justifications ne seront produites qu'avec le payement du capital, ou, si ce payement est fractionné, elles seront mises à l'appui du premier acompte.

10° La justification du REMPLOI dans le cas où cette mesure serait prescrite par le jugement et où l'acquéreur en serait responsable.

§ 3. — IMMEUBLES APPARTENANT À DES FEMMES MARIÉES.

Les pièces mentionnées au paragraphe 1er sous les nos 1, 2, 3, 4, 5, 7 et 8;

Et, de plus :

9° ACTE DE MARIAGE ;

10° (*Dans le cas où le mariage est postérieur à la loi du 10 juillet 1850 et où l'acte contient déclaration de contrat*) Extrait du CONTRAT DE MARIAGE, à l'effet de faire connaître le régime sous lequel les époux sont mariés et les dispositions relatives au remploi ;

(*Dans le cas où le mariage est antérieur à la loi précitée*) Extrait du CONTRAT, aux effets ci-dessus, ou CERTIFICAT du fonctionnaire qui a passé l'acte de vente, constatant que les époux ont déclaré s'être mariés sans contrat de mariage, quand l'acte de vente ne l'énonce pas ;

11° ACQUITS de la femme et du mari, ou, à défaut de l'acquit du mari, AUTORISATION du tribunal;

Dans le cas où l'aliénation ne pourrait avoir lieu qu'en vertu d'un jugement :

12° JUGEMENT (T) du tribunal autorisant la vente ;

Dans tous les cas où le remploi est prescrit, soit par le contrat de mariage, soit par un jugement, et où l'acquéreur en est responsable :

13° La justification du REMPLOI.

NOTA. Pour les immeubles appartenant à des femmes mariées, et dont la valeur en capital n'excède pas 500 francs, la production du contrat de mariage n'est pas exigée; et, lors même que les femmes sont mariées sous le régime dotal, le payement peut être fait sans justification de remploi.

§ 4. — IMMEUBLES APPARTENANT À DES DÉPARTEMENTS, DES COMMUNES OU DES ÉTABLISSEMENTS PUBLICS.

Les justifications mentionnées au paragraphe 1er sous les nos 1, 2, 3, 5, 6, 7 et 8 ;

Et, de plus :

9° DÉLIBÉRATION dûment approuvée du Conseil général, du Conseil municipal ou de la Commission administrative qui a autorisé la vente.

(Les justifications n° 4 du paragraphe 1er seront produites, s'il pouvait exister des hypothèques légales du chef des précédents propriétaires.)

L. — LOCATIONS D'IMMEUBLES.

PREMIER PAYEMENT.

1° Bail (T) dûment approuvé et enregistré, et, de plus, transcrit lorsque sa durée est de plus de dix-huit ans;

2° Quittance du propriétaire.

PAYEMENTS SUBSÉQUENTS.

1° Quittance (T) du propriétaire;

2° Indication du compte et du mandat auxquels le bail a été joint antérieurement, et (*dans le cas où l'immeuble aurait été vendu postérieurement au bail*);

3° Extrait de l'acte de vente.

NOMENCLATURE

DES PIÈCES JUSTIFICATIVES QUI DOIVENT ÊTRE PRODUITES À L'APPUI DES RECETTES ET DES DÉPENSES EFFECTUÉES PAR LES AGENTS COMPTABLES.

RECETTES.

CHAPITRES DU BUDGET.	ARTICLES DU BUDGET et NATURE DES RECETTES.	PIÈCES À PRODUIRE POUR LA JUSTIFICATION DES RECETTES.	OBSERVATIONS.
CHAPITRE Ier. — *Recettes ordinaires.*	Art. 1er. — Revenus des biens meubles et immeubles.	1° *Arrérages des dons et legs.* — Copie, certifiée par le doyen ou directeur, de l'état des dons et legs, avec indication du montant et de l'échéance des arrérages. 2° *Intérêts des fonds déposés en compte courant.* — Copie, certifiée par le doyen ou directeur, du décompte des intérêts, dûment arrêté. 3° *Rentes sur l'État, loyers de bâtiments* ou *fermages de biens.* — État des propriétés de la Faculté ou École; copie ou extrait des baux. Si ces pièces ont déjà été fournies, indication des comptes auxquels elles ont été annexées.	
	Art. 2. — Produit des publications..............	État, certifié par le doyen ou directeur, indiquant le nombre d'exemplaires vendus, le prix de l'unité et le produit de la vente.	
	Art. 3. — Produit des opérations autorisées par le Ministre de l'Instruction publique dans les laboratoires pour le compte des particuliers et dont la dépense est remboursée conformément aux conditions déterminées par le Conseil de la Faculté ou École.	1° Extrait de la décision ministérielle, certifié par le doyen ou directeur, autorisant les opérations; 2° État indiquant les laboratoires qui ont effectué les opérations, les noms des personnes au compte desquelles elles ont été faites, le prix et la désignation de chacune des opérations suivant leur nature et d'après les conditions fixées par le Conseil de la Faculté ou École; ledit état certifié par le doyen ou directeur.	
	Art. 4. — Subventions des particuliers, des communes et des départements.........	Extrait, certifié par le doyen ou directeur, de l'engagement pris par les particuliers de fournir la subvention, et de la délibération du Conseil municipal ou du Conseil général, dûment approuvée, qui alloue la subvention.	
	Art. 5. — Subventions de l'État pour les dépenses du matériel................	Extrait de l'ordonnance ministérielle émise au nom de l'agent comptable, certifié par le doyen ou directeur.	
	Art. 6. — Restes disponibles des exercices précédents..................	Copie, certifiée par le doyen ou directeur, de l'état dressé par articles, des restes disponibles de l'exercice précédent. (*Modèle n° 7.*)	

NOMENCLATURE SPÉCIALE DES PIÈCES JUSTIFICATIVES. (Suite.)

RECETTES. (Suite.)

CHAPITRES DU BUDGET.	ARTICLES DU BUDGET et NATURE DES RECETTES.	PIÈCES À PRODUIRE POUR LA JUSTIFICATION DES RECETTES.	OBSERVATIONS.
CHAPITRE II. — *Recettes extraordinaires.*	ART. 7. — Produit des dons et legs...........	Copies, certifiées par le doyen ou directeur : 1° de l'acte de donation ou de l'extrait du testament ; 2° de la décision qui a autorisé l'acceptation.	
	ART. 8. — Produit du remboursement des rentes et de l'aliénation des biens meubles et immeubles............	Copies, certifiées par le doyen ou directeur : 1° du décret qui a autorisé la vente si elle est supérieure à 5,000 francs, ou de la décision ministérielle, si elle est inférieure à ce chiffre ; 2° de l'acte de vente ou du bordereau de l'agent de change qui a opéré le transfert.	
	ART. 9. — Produit de l'aliénation faite, après autorisation du Recteur, des objets mobiliers hors d'usage......	Copies, certifiées par le doyen ou directeur : 1° des décisions qui ont autorisé les aliénations ; 2° des procès-verbaux des ventes, lorsqu'elles ont été faites aux enchères publiques ; 3° des marchés passés avec les acquéreurs, lorsque les ventes ont été effectuées en vertu de marchés de gré à gré. Si elles ont été faites sans marché, un état dûment certifié indiquant la nature et la quantité des objets vendus, le prix de l'unité et le produit de la vente.	
	ART. 10. — Produit de l'aliénation faite, après autorisation du Ministre de l'Instruction publique, des objets de collection...............	Mêmes justifications que pour l'article 9.	
	ART. 11. — Produit des emprunts contractés après autorisation du Ministre de l'Instruction publique.........	Copies, certifiées par le doyen ou directeur, de la décision ministérielle ou du décret qui a autorisé l'emprunt, et de l'acte qui en a réglé les conditions.	
	ART. 12. — Recettes accidentelles et imprévues......	Copies des décisions portant attribution des recettes ou état indiquant le détail, le montant et l'affectation des recettes. Lesdites copies ou état certifiés par le doyen ou directeur.	
	SERVICES HORS BUDGET...... *Retenues sur traitements pour le service des pensions civiles.*	États mensuels sommaires, et en fin d'année état nominatif présentant la récapitulation des traitements de l'année et des retenues y afférentes, ledit état certifié par le doyen ou directeur.	
	SERVICES HORS BUDGET...... *Retenues en vertu d'oppositions.*	Même état que le précédent.	

NOMENCLATURE SPÉCIALE DES PIÈCES JUSTIFICATIVES. (Suite.)

DÉPENSES.

CHAPITRES DU BUDGET.	ARTICLES DU BUDGET et NATURE DES DÉPENSES.	PIÈCES À PRODUIRE POUR LA JUSTIFICATION DES DÉPENSES.	OBSERVATIONS.
CHAPITRE 1er. — *Dépenses ordinaires.*	ART. 1er. — Dépenses de personnel imputables sur les dons et legs ou sur les subventions des particuliers, des communes et des départements..	Fournir les pièces exigées par le présent règlement. Voir *Justifications*, lettre A, p. 49; lettre B, p. 50, lettre F, p. 52.	
	ART. 2. — Bourses payées à l'aide des mêmes ressources.	Voir *Justifications*, lettre C', p. 51.	
	ART. 3. — Entretien des bâtiments..................	Voir *Justifications*, lettre G, p. 52, s'il s'agit de fournitures, et lettre I, p. 56 à 59, pour les travaux.	
	ART. 4. — Entretien du mobilier..................	Voir *Justifications*, lettre G, p. 52, pour les fournitures, et lettre I, p. 56 à 59, s'il s'agit de travaux.	
	ART. 5. — Éclairage et chauffage.................	Voir *Justifications*, lettre G, p. 52 à 55.	
	ART. 6. — Impressions et frais de bureau...........	*Idem.*	
	ART. 7. — Frais matériels des examens..............	*Idem.*	
	ART. 8. — Entretien et accroissement des collections.	I. *Acquisitions et réparations.* — Mémoires établis en la forme ordinaire (*Justifications*, lettre G, p. 52 à 55, et lettre I, p. 59) et, de plus, revêtus du visa du professeur chargé du service (ou de l'un des fonctionnaires du service) auquel se rapporte l'objet fourni ou le travail de réparation; ledit visa certifiant : 1° la réception des instruments, appareils et autres objets de collection, ou l'exécution du travail effectué ; 2° la prise en charge des objets reçus et leur inscription à l'inventaire sous les numéros qui doivent être portés en marge du mémoire et en regard de la désignation de chaque objet ou de chaque groupe d'objets similaires. II. *Salaires d'ouvriers ou de garçons temporaires payés à la journée.* — Voir *Salaires*, lettre F, p. 52.	
	ART. 9. — Frais de cours et de laboratoire	I. — *Acquisitions et réparations.* — Mémoires établis en la forme ordinaire (Voir *Justifications*, lettre G, p. 52 à 55, et lettre I, p. 59) et, de plus, revêtus du visa du professeur chargé du service (ou de l'un des fonctionnaires du service) auquel se rapportent les fournitures ou les réparations; ledit visa certifiant : 1° la réception des objets, produits, etc., ou l'exécution des travaux ; 2° s'il y a lieu, la prise en charge et l'inscription à l'inventaire. II. *Salaires payés à la journée.* — Lettre F, p. 52.	

NOMENCLATURE SPÉCIALE DES PIÈCES JUSTIFICATIVES. (Suite.)

DÉPENSES. (Suite.)

CHAPITRES DU BUDGET.	ARTICLES DU BUDGET et NATURE DES DÉPENSES.	PIÈCES À PRODUIRE POUR LA JUSTIFICATION DES DÉPENSES.	OBSERVATIONS.
Chapitre Ier. — *Dépenses ordinaires.* (Suite.)	Art. 10. — Frais de travaux pratiques des étudiants.	Mêmes justifications que pour les articles 8 et 9 (collections, frais de cours et de laboratoire).	
	Art. 11. — Frais des publications..................	Copies ou extraits certifiés par le doyen ou directeur des traités passés avec les éditeurs. Pour le surplus (établissement et production des mémoires), voir *Justifications*, lettre G, p. 52 à 55.	
	Art. 12. — Frais des opérations autorisées dans les laboratoires pour le compte des particuliers..............	I. *Frais des opérations.* — Mêmes justifications que pour les articles 8, 9 et 10 (collections, frais de cours et de laboratoire et travaux pratiques). II. *Indemnités aux opérateurs :* 1° Extrait, certifié par le doyen ou directeur, de la délibération du Conseil de la Faculté ou École fixant l'indemnité et visant l'opération à laquelle elle se rapporte; 2° Acquit de l'ayant droit.	
	Art. 13. — Acquisitions et allocations pour prix et médailles..................	I. *Pour les acquisitions.* — V. *Justifications*, lettre G, p. 52 à 55; II. — *Pour les allocations :* 1° Extrait, certifié par le doyen ou directeur, de la délibération du Conseil de la Faculté ou École relative aux concours et à l'allocation à attribuer au lauréat; 2° Acquit de l'ayant droit.	
	Art. 14. — Rétribution de l'agent comptable..........	1° Décompte de la rétribution revenant à l'agent comptable sur le montant des dépenses (*Mod. n° 14*); 2° Acquit de l'ayant droit.	
	Art. 15. — Dépenses diverses ou imprévues........	Voir *Justifications*, lettre G, p. 52 à 55, pour les fournitures; lettre I, p. 56 à 59, s'il s'agit de travaux; lettre D, p. 51, en ce qui concerne les indemnités, et lettre E, p. 51, pour les secours. Si le payement a pour objet diverses menues dépenses soldées par le secrétaire de la Faculté ou École, soit directement, soit au moyen d'une avance, le mandat est accompagné d'un bordereau de dépenses, dûment certifié, visé par le doyen ou directeur, et appuyé des mémoires ou factures des fournisseurs, acquittés par eux.	
	Art. 16. — Dépenses nécessaires pour assurer le service des emprunts.............	Copie, certifiée par le doyen ou directeur, du décompte des intérêts dûment arrêté ou de toute autre somme due et spécifiée par l'acte d'emprunt. Quittance des parties prenantes.	
	Art. 17. — Dépenses restant à payer sur l'exercice précédent..............	Mêmes justifications que pour les dépenses analogues de l'exercice courant.	

NOMENCLATURE SPÉCIALE DES PIÈCES JUSTIFICATIVES. (Suite.)

DÉPENSES. (Suite.)

CHAPITRES DU BUDGET.	ARTICLES DU BUDGET et NATURE DES DÉPENSES.	PIÈCES À PRODUIRE POUR LA JUSTIFICATION DES DÉPENSES.	OBSERVATIONS.
CHAPITRE Ier. — *Dépenses ordinaires.* (Suite.)	(*Article 17 bis. — Bibliothèque universitaire* [1]).	....	
	ART. 18. — Placements de fonds et acquisitions d'immeubles..................	*Placement de fonds.* — Bordereaux de l'agent de change, acquittés par lui, contenant le cours auquel l'achat a été effectué. Copie, certifiée par le doyen ou directeur, du décret ou de la décision ministérielle qui a autorisé l'achat, suivant qu'il est supérieur ou inférieur à 5,000 francs. *Acquisitions d'immeubles.* — 1° Copies, certifiées par le doyen ou directeur, du décret ou de la décision ministérielle qui a autorisé l'acquisition suivant qu'elle est supérieure ou inférieure à 5,000 francs ; 2° Pièces exigées par le présent règlement. Voir *Justifications*, lettre K, p. 63 et suivantes.	
CHAPITRE II. — *Dépenses extraordinaires.*	ART. 19. — Frais de procédure.....................	Mémoires certifiés, taxés par le Président du tribunal, acquittés et visés. Extrait du jugement qui a condamné la Faculté ou École aux dépens, s'il y a lieu, Quittance des ayants droit.	
	ART. 20. — Dépenses temporaires et accidentelles imputées sur les recettes extraordinaires..................	Voir *Justifications*, lettre G, p. 52 à 55, pour les fournitures, et lettre I, p. 56 à 59, s'il s'agit de travaux.	
	SERVICES HORS BUDGET......	*Versement au Trésor des retenues pour le service des pensions civiles.* — État mensuel sommaire, et, en fin d'année, état nominatif offrant la récapitulation des retenues de l'année, ledit état certifié par le doyen ou directeur. *Versement des retenues en vertu d'oppositions...* — Récépissé du préposé de la Caisse des dépôts.	

[1] Aux termes de l'article 3 du décret du 22 février 1890, le budget de la bibliothèque universitaire est rattaché pour ordre au budget de la Faculté ou de l'établissement désigné par le Ministre de l'Instruction publique.

En conséquence, toutes les dépenses du matériel de la bibliothèque universitaire, inscrites à l'article 17 *bis* du budget d'une Faculté ou École, doivent être certifiées par le bibliothécaire, et justifiées selon leur nature, et de la même manière que celles avec lesquelles elles ont le plus d'analogie et par des titres réguliers.

En ce qui concerne les acquisitions de livres, notamment, les mémoires ou factures doivent être complétés par le certificat de réception et l'inscription des ouvrages au registre d'entrée-inventaire de la bibliothèque, avec mention des numéros d'inscription.

MODÈLES.

MINISTÈRE
DE L'INSTRUCTION PUBLIQUE ET DES BEAUX-ARTS.

DIRECTION DE L'ENSEIGNEMENT SUPÉRIEUR.

3e BUREAU.

Modèle n° 1.

ACADÉMIE d

FACULTÉ *ou* ÉCOLE de

BUDGET DE L'EXERCICE 189 .

(Art. 51 de la loi du 17 juillet 1889.)

RECETTES.

NUMÉROS DES ARTICLES.	NATURE DES RECETTES.	RECETTES de l'exercice 189 .	RECETTES prévues par le Conseil de la (Faculté ou École) pour l'exercice 189 .	RECETTES prévues par le Conseil général des Facultés.	RECETTES arrêtées par le Ministre pour l'exercice 189 .	OBSERVATIONS.
	CHAPITRE Ier. — Recettes ordinaires.					
1	Revenus des biens meubles et immeubles, savoir :					
2	Produit des publications....................					
3	Produit des opérations autorisées par le Ministre de l'Instruction publique dans les laboratoires pour le compte des particuliers et dont la dépense est remboursée conformément aux conditions déterminées par le Conseil de la Faculté ou École.					
4	Subventions des particuliers, des communes et des départements, savoir :					
5	Subvention de l'État pour les dépenses du matériel..................................					
6	Restes disponibles des exercices précédents......					
	Total des recettes ordinaires......					

RECETTES. (Suite.)

[Numéros] des articles.	NATURE DES RECETTES.	RECETTES de l'exercice 189 .	RECETTES prévues par le Conseil de la (Faculté ou École) pour l'exercice 189 .	RECETTES prévues par le Conseil général des Facultés.	RECETTES arrêtées par le Ministre pour l'exercice 189 .	OBSERVATIONS.
	CHAPITRE II. — Recettes extraordinaires.					
	Produit des dons et legs....................					
	Produit du remboursement des rentes et de l'aliénation des biens meubles et immeubles.......					
	Produit de l'aliénation faite, après autorisation du Recteur, des objets mobiliers hors d'usage.....					
	Produit de l'aliénation faite, après autorisation du Ministre de l'Instruction publique, des objets de collection..............................					
	Produit des emprunts contractés après autorisation du Ministre de l'Instruction publique........					
	Recettes accidentelles et imprévues............					
	Total des recettes extraordinaires.					
	RÉCAPITULATION DES RECETTES.					
	Recettes ordinaires........................					
	Recettes extraordinaires...................					
	Total général des recettes........					

DÉPENSES.

[Numéros] des articles.	NATURE DES DÉPENSES.	DÉPENSES de l'exercice 189 .	DÉPENSES prévues par le Conseil de la (Faculté ou École) pour l'exercice 189 .	DÉPENSES prévues par le Conseil général des Facultés.	DÉPENSES arrêtées par le Ministre pour l'exercice 189 .	OBSERVATIONS.
	CHAPITRE Ier. — Dépenses ordinaires.					
	Dépenses de personnel imputables sur les dons et legs ou sur les subventions des particuliers, des communes et des départements, savoir :					
2	Bourses payées à l'aide des mêmes ressources, savoir :					
	A reporter.................					

DÉPENSES. (Suite.)

NUMEROS DES ARTICLES.	NATURE DES DÉPENSES.	DÉPENSES de l'exercice 189 .	prévues par le Conseil de la (Faculté ou École) pour l'exercice 189 .	prévues par le Conseil général des Facultés.	arrêtées par le Ministre pour l'exercice 189 .	OBSERVATIONS.
	Report....................					
3	Entretien des bâtiments....................					
4	Entretien du mobilier....................					
5	Éclairage et chauffage....................					
6	Impressions et frais de bureau..............					
7	Frais matériels des examens................					
8	Entretien et accroissement des collections.......					
9	Frais de cours et de laboratoire..............					
10	Frais de travaux pratiques des étudiants........					
11	Frais des publications....................					
12	Frais des opérations autorisées dans les laboratoires pour le compte des particuliers............					
13	Acquisitions et allocations pour prix et médailles, savoir : (Désignation des dons et legs ou des subventions.)					
14	Rétribution de l'agent comptable.............					
15	Dépenses diverses ou imprévues..............					
16	Dépenses nécessaires pour assurer le service des emprunts............................					
17	Dépenses restant à payer sur l'exercice précédent...					
(A)						
	Total des dépenses ordinaires.....					
	CHAPITRE II. — Dépenses extraordinaires.					
18	Placements de fonds et acquisitions d'immeubles.					
19	Frais de procédure........................					
20	Dépenses temporaires et accidentelles imputées sur les recettes extraordinaires................					
	Total des dépenses extraordinaires..					
	RÉCAPITULATION DES DÉPENSES.					
	Dépenses ordinaires......................					
	Dépenses extraordinaires..................					
	Total général des dépenses....					

(A) *Ouvrir, quand il y a lieu, un article 17* bis *pour les dépenses du matériel de la bibliothèque universitaire.*

RÉCAPITULATION GÉNÉRALE.

RECETTES ET DÉPENSES.	RECETTES ET DÉPENSES				OBSERVATIONS.
	de l'exercice 189 .	prévues par le Conseil de la (Faculté ou École) pour l'exercice 189 .	prévues par le Conseil général des Facultés.	arrêtées par le Ministre pour l'exercice 189 .	
Recettes prévues.....................					
Dépenses prévues.....................					

Vu l'article 51 de la loi du 17 juillet 1889;
Vu les décrets des 25 juillet et 28 décembre 1885;
Vu le décret du 22 février 1890;
Vu l'avis du Conseil de la (Faculté *ou* École) de d en da du

Le (Doyen *ou* Directeur) soussigné demande que le budget de la (Faculté *ou* École) de d soit fixé, pour l'exercice 189 :

En recettes, à la somme de
En dépenses, à la somme de

A , le 189 .

Le Conseil général des Facultés de l'Académie d , après en avoir délibéré, propose de fixe pour l'exercice 189 , le budget de la (Faculté *ou* École) de d

En recettes, à la somme de
En dépenses, à la somme de

A , le 189 .

Le Recteur, Président du Conseil général des Facultés,

Le Ministre de l'Instruction publique et des Beaux-Arts arrête le budget de la (Faculté *ou* Ecole) de d , pour l'exercice 189 :

En recettes, à la somme de
En dépenses, à la somme de

Fait à Paris, le 189 .

MINISTÈRE
DE L'INSTRUCTION
PUBLIQUE
ET
DES BEAUX-ARTS.

DIRECTION
DE L'ENSEIGNEMENT SUPÉRIEUR.

3e BUREAU.

M

BIBLIOTHÈQUE UNIVERSITAIRE

d

BUDGET DE L'EXERCICE 189

DÉSIGNATION DES SERVICES.	DÉPENSES				OBSERVAT
	de L'EXERCICE 189 .	PROPOSÉES par le Recteur pour l'exercice 189 .	PRÉVUES par le Conseil général des Facultés pour l'exercice 189 .	ARRÊTÉES par le Ministre pour l'exercice 189 .	
1. Achat de livres....................					
2. Abonnements aux journaux et revues....					
3. Réserve. (Quart du crédit affecté aux acquisitions de livres)..............					
4. Frais de reliure..................					
5. Chauffage.......................					
6. Éclairage.......................					
7. Entretien du mobilier..............					
8. Frais de bureau, papeterie, impressions..					
9. Dépenses imprévues................					
TOTAUX.......					

Vu le décret du 22 février 1890;
Vu l'avis du Conseil général des Facultés de l'Académie de
en date du

Le Recteur propose que le budget des dépenses de la Bibliothèque universitaire d
soit fixé, pour l'exercice 189 , à la somme de

A , le

Le Recteur,

Le Ministre de l'Instruction publique et des Beaux-Arts arrête le budget des dépenses de la Bibliotl
versitaire d pour l'exercice 189 , à la somme de

Fait à Paris, le 189

MINISTÈRE
DE L'INSTRUCTION
PUBLIQUE
ET
DES BEAUX-ARTS.

TITRE
DE PERCEPTION.

Faculté ou École
de
d

Somme :

Chapitre
Article
du budget de 189 .

MODÈLE N° 3.
(Format tellière.)

LE (DOYEN *ou* DIRECTEUR) DE LA (FACULTÉ *ou* ÉCOLE) DE
d

Vu l'article 51 de la loi de finances du 17 juillet 1889 et le décret du 22 février 1890 sur la comptabilité des Facultés et des établissements assimilés,

ARRÊTE :

L'Agent comptable de la (Faculté *ou* École) de
d est autorisé à faire recette au compte de la dite (Faculté *ou* École) de la somme de

montant d

Fait à , le 189 .

NOTA. *Le présent titre de perception doit être transmis à l'Agent comptable par l'intermédiaire du Trésorier-payeur général ou du Receveur des finances.*

NUMÉRO DU MANDAT :

MODÈLE N° 4.

(*Format tellière.*)

NOTA. Faute par le porteur de se présenter avant le 31 mars 189 , le présent mandat sera annulé et la dépense qui en est l'objet ne pourra être acquittée qu'au moyen d'un nouveau mandatement sur l'exercice suivant, ce qui entraîne toujours d'assez longs délais.

MINISTÈRE DE L'INSTRUCTION PUBLIQUE ET DES BEAUX-ARTS.

FACULTÉ *ou* ÉCOLE de d .

(Art. 51 de la loi du 17 juillet 1889.)

MANDAT DE PAYEMENT.

EXERCICE 189 .

CHAPITRE ART. DU BUDGET.

(Décision ministérielle du .)

En vertu des crédits ouverts au budget de la (Faculté ou *École) de* ,
M. , *Agent comptable de la dite (Faculté* ou *École), payera à la partie prenante, pour les motifs ci-après,* SAVOIR :

DÉSIGNATION DE LA PARTIE PRENANTE.	OBJET DU PAYEMENT.	SOMMES.	INDICATION DES PIÈCES PRODUITES à l'agent comptable à l'appui du présent mandat.

VU :

L'Agent comptable,

Le présent mandat, montant à la somme de

délivré par nous, (Doyen *ou* Directeur) de la (Faculté *ou* Ecole) de d

A , le 189

NOTA. La quittance de la partie prenante doit être datée du jour du payement.

Pour quittance de la somme ci-dessus :

A , le 189 .

N°

D'ORDRE DU BORDEREAU.

La série des numéros d'ordre doit être suivie sans interruption depuis le commencement jusqu'à la fin de l'exercice.

MODÈDE N° 5.

(*Format couronne.*)

MINISTÈRE DE L'INSTRUCTION PUBLIQUE ET DES BEAUX-ARTS.

FACULTÉ *ou* ÉCOLE de d .

EXERCICE 189 .

JOURNÉE DU 189 .

BORDEREAU détaillé des mandats collectifs ou individuels délivrés dans le cours de la présente journée, sur la caisse de l'Agent comptable de la (*Faculté* ou *École*) *de* d
par le (*Doyen* ou *Directeur*), *soussigné.*

NUMÉROS d'ordre des mandats.	NOMS ET PRÉNOMS des PARTIES PRENANTES.	OBJET DE LA DÉPENSE.	ARTICLES DU BUDGET sur lesquels les mandats sont imputés.	SOMMES à PAYER.	TOTAL par ARTICLE.	NOMBRE DES PIÈCES justificatives annexées à chaque mandat.	DATE DES PAYEMENTS.
		TOTAL........				....	

(1) Énoncer la somme en toutes lettres.
(2) Nombre à mentionner.

CERTIFIÉ par moi, (Doyen *ou* Directeur) de la (Faculté *ou* École) de d le présent bordereau montant à la somme de (1) et accompagné de (2) mandats à viser par l'Agent comptable de la (Faculté *ou* Ecole).

A , le 189 .

Renvoyé à M. le (Doyen *ou* Directeur) de la (Faculté *ou* École) de d mandats visés.

A , le 189 .

L'Agent comptable,

Reçu les mandats dont le renvoi est indiqué ci-contre.

A , le 189 .

Le (*Doyen* ou *Directeur,*)

MODÈLE N° 6.

(Format tellière.)

MINISTÈRE DE L'INSTRUCTION PUBLIQUE ET DES BEAUX-ARTS.

ORDRE DE REVERSEMENT.

EXERCICE 189 .

FACULTÉ *ou* ÉCOLE de d .

CHAPITRE ARTICLE DU BUDGET.

M.

est requis de reverser à la Caisse de l'Agent comptable de la (Faculté *ou* École) de d , la somme dont l'indication suit, pour les motifs ci-après énoncés, savoir :

DÉSIGNATION DU MANDAT SUR LEQUEL doit porter le reversement.			MOTIFS DU REVERSEMENT À OPÉRER.	MONTANT DE LA SOMME à reverser.	OBSERVATIONS.
Numéro.	Date.	Montant.			

ARRÊTÉ le présent état à la somme de

A , le 189 .

Le (*Doyen* ou *Directeur*) *de la* (*Faculté* ou *École*) *de* *d*

12

ACADÉMIE

d

MODÈLE N° 7.

Art. 8 du décret du 22 février 1890.

MINISTÈRE DE L'INSTRUCTION PUBLIQUE ET DES BEAUX-ARTS.

FACULTÉ *ou* ÉCOLE de

EXERCICE 189 .

ÉTAT DES SOMMES A REPORTER EN RECETTES ET EN DÉPENSES A L'EXERCICE 189 .

1° RECETTES.

NUMÉROS des articles du budget de l'exercice 189 .	NATURE DES RECETTES.	RECETTES EFFECTUÉES sur l'exercice 189 au 31 mars 189 .	DÉPENSES DE L'EXERCICE 189 payées au 31 mars 189 .	RESTES DISPONIBLES de l'exercice 189 à reporter à l'exercice 189 .	OBSERVATIONS.
		fr. c.	fr. c.	fr. c.	
	CHAPITRE Ier. — RECETTES ORDINAIRES.				
1	Revenus des biens meubles et immeubles.......				
2	Produit des publications....................				
3	Produit des opérations autorisées par le Ministre de l'Instruction publique dans les laboratoires pour le compte des particuliers et dont la dépense est remboursée conformément aux conditions déterminées par le Conseil de la Faculté ou École.				
4	Subventions des particuliers, des communes et des départements........................				
5	Subvention de l'État pour les dépenses du matériel.				
6	Restes disponibles des exercices préeédents......				
	TOTAL du chapitre Ier.				
	CHAPITRE II. — RECETTES EXTRAORDINAIRES.				
7	Produits des dons et legs....................				
8	Produit du remboursement des rentes et de l'aliénation des biens meubles et immeubles.......				
9	Produit de l'aliénation faite, après autorisation du Recteur, des objects mobiliers hors d'usage....				
10	Produit de l'aliénation faite, après autorisation du Ministre de l'Instruction publique, des objets de collection..........................				
11	Produit des emprunts contractés après autorisation du Ministre de l'Instruction publique........				
12	Recettes accidentelles et imprévues...........				
	TOTAL du chapitre II............				
	RÉCAPITULATION.				
	Chapitre Ier...........................				
	Chapitre II............................				
	TOTAUX...............				

2°. — DÉPENSES.

2° DÉPENSES.

NUMÉROS des articles du budget de l'exercice 189 .	NATURE DES DÉPENSES.	DÉPENSES DU BUDGET DE 189			OBSERVATIONS.
		mandatées au 28 février 189 .	payées au 31 mars 189 .	restes à payer à reporter au budget de l'exercice 189 .	
		fr. c.	fr. c.	fr. c.	
	CHAPITRE Ier. — DÉPENSES ORDINAIRES.				
1	Dépenses de personnel imputables sur les dons et legs ou sur les subventions des particuliers, des communes et des départements............				
2	Bourses payées à l'aide des mêmes ressources....				
3	Entretien des bâtiments...................				
4	Entretien du mobilier......................				
5	Éclairage et chauffage....................				
6	Impressions et frais de bureau...............				
7	Frais matériels des examens................				
8	Entretien et accroissement des collections......				
9	Frais de cours et de laboratoire..............				
10	Frais de travaux pratiques des étudiants........				
11	Frais des publications......................				
12	Frais des opérations autorisées dans les laboratoires pour le compte des particuliers............				
13	Acquisitions et allocations pour prix et médailles..				
14	Rétribution de l'agent comptable.............				
15	Dépenses diverses ou imprévues.............				
16	Dépenses nécessaires pour assurer le service des emprunts............................				
17	Dépenses restant à payer sur l'exercice précédent..				
17 *bis*. (A)	......				
	TOTAL du chapitre Ier............				
	CHAPITRE II. — DÉPENSES EXTRAORDINAIRES.				
18	Placements de fonds et acquisitions d'immeubles.				
19	Frais de procédure.......................				
20	Dépenses temporaires et accidentelles imputées sur les recettes extraordinaires................				
	TOTAL du chapitre II............				
	RÉCAPITULATION.				
	Chapitre Ier..............................				
	Chapitre II..............................				
	TOTAUX.............				

(A) *Ouvrir, quand il y a lieu, un article 17* bis *pour les dépenses du matériel de la bibliothèque universitaire.*

CERTIFIÉ

CERTIFIÉ VÉRITABLE le présent état s'élevant, SAVOIR :

1° *Restes disponibles de l'exercice 189 à reporter à l'exercice 189* , à la somme de (B)

2° *Restes à payer de l'exercice 189 à reporter au budget de l'exercice 189* , à la somme de (B)

A , le 189 .

Le (Doyen ou Directeur)

VU ET VÉRIFIÉ :

A , le 189 .

L'Agent comptable,

APPROUVÉ :

Paris, le 189 .

Le Ministre de l'Instruction publique et des Beaux-Arts,

(B) *Énoncer les sommes en toutes lettres.*

Modèle n° 8.

(*Format écu.*)

MINISTÈRE

DE L'INSTRUCTION PUBLIQUE ET DES BEAUX-ARTS.

FACULTÉ *ou* ÉCOLE D

d

BUDGET.

(Art. 51 de la loi du 17 juillet 1889.)

JOURNAL GÉNÉRAL

DES CRÉDITS.

DATES D'OUVERTURE des crédits. (Budget et décisions ministérielles.)	NUMÉROS des articles du budget.	NATURE DES CRÉDITS.	MONTANT des CRÉDITS.	OBSERVATIONS.
		EXERCICE 189 .		
		Janvier 189		
		Total de janvier..........		
		Février 189		
		Total de février..........		
		Report du mois précédent......		
		Total au 1er mars..........		
		Mars 189		
		Total de mars...........		
		Report des mois précédents.....		
		Total au 1er avril.........		
		Avril 189		
		A reporter..............		

MODÈLE N° 9.

(*Format écu.*)

MINISTÈRE

DE L'INSTRUCTION PUBLIQUE ET DES BEAUX-ARTS.

FACULTÉ *ou* ÉCOLE D

d

BUDGET.

(Art. 51 de la loi du 17 juillet 1889.)

JOURNAL GÉNÉRAL

DES DROITS DES CRÉANCIERS.

Nos d'ordre des liquidations ou droits constatés.	Dates des liquidations ou droits constatés.	Noms des créanciers.	Désignation sommaire de l'objet des créances.	Montant des liquidations ou droits constatés.	Nos des mandats délivrés en payement.	Observations. (Indiquer les motifs des annulations de créances.)

EXERCICE 189 .

Article (A) du Budget.

	Janvier 189 ..					
			Total de janvier.			
	Février 189 ..					
			Total de février..			
			Report du mois précédent.........			
			Total au 1er mars.			
	Mars 189					
			A reporter....			

(A) *Ce livre doit être tenu par articles; laisser pour chaque article le nombre de pages nécessaires.*

Modèle n° 10.

(*Format écu.*)

MINISTÈRE

DE L'INSTRUCTION PUBLIQUE ET DES BEAUX-ARTS.

FACULTÉ *ou* ÉCOLE D

d

BUDGET.

(Art. 51 de la loi du 17 juillet 1889.)

JOURNAL GÉNÉRAL

DES MANDATS DÉLIVRÉS.

Suite du Modèle n° 10.

NUMÉROS des mandats de payement.	DATES des MANDATS de payement.	NOMS ET QUALITÉS des parties prenantes.	IMPUTATION DES MANDATS. Numéros des articles du budget.	Numéros des liquidations.	OBJET DES DÉPENSES mandatées.	MONTANT des MANDATS délivrés pour payement.	DÉSIGNATION DES PIÈCES justificatives produites à l'appui de chaque mandat ou des mandats précédents auxquels les pièces ont été jointes.	OBSERVATIONS. (Indiquer sommairement les motifs des annulations.)
				EXERCICE 189 .				
	Janv. 189 .							
					Total de janvier.			
	Févr. 189 .							
					Total de février.			
					Report du mois précédent........			
					Total au 1er mars.			
	Mars 189 .							
					A reporter....			

Modèle n° 11.

(*Format écu.*)

MINISTÈRE

DE L'INSTRUCTION PUBLIQUE ET DES BEAUX-ARTS.

FACULTÉ *ou* ÉCOLE D

d

BUDGET.

(Art. 51 de la loi du 17 juillet 1889.)

LIVRE

DE COMPTES PAR NATURE DE DÉPENSES.

DATE ET NATURE DES OPÉRATIONS.	CRÉDITS OUVERTS.	LIQUIDATION ou DROITS constatés.	MANDATS DÉLIVRÉS. Numéros.	Dates.	Sommes.	MANDATS PAYÉS.	OBSERVATIONS.
EXERCICE 189 . Article (A) du Budget.							
Totaux de janvier 189 .							
Totaux de février 189 .							
Report du mois précédent.							
Totaux au 1er mars 189 .							
Totaux de mars 189 .							
Report des mois précédents.							
Totaux au 1er avril 189 .							

Nota. — Les opérations relatives aux ouvertures de crédits, aux liquidations ou droits constatés et aux mandats délivrés devront être rapportées, *par journées*, d'après les journaux spéciaux, et les mandats payés, d'après les bordereaux mensuels de l'agent comptable.

(A) *Ce livre doit être tenu par articles; laisser pour chaque article le nombre de pages nécessaires.*

Modèle n° 12.

CIRCULAIRE
du 27 mars 1890.

(*Format écu.*)

FACULTÉ *ou* ÉCOLE

d

M. , *Agent comptable.*

EXERCICE 189 .

LIVRE DE DÉTAIL SPÉCIAL

des recettes et des dépenses à porter au compte ouvert, sur le livre des comptes divers, à la (*Faculté* ou *École*) *d*

Suite du MODÈLE N° 12.

SECTION I. — COMPTE DES RECETTES. — EXERCICE 189 .

(ART. 1er du budget.) *Revenus des biens meubles et immeubles.*

DATES.	MONTANT DU PRODUIT À RECOUVRER. d'après le budget primitif.... fr.......... en vertu d'autorisations spéciales du.................... fr.......... du.................... fr.......... du.................... fr.......... TOTAL.......... fr..........	MONTANT des TITRES de perception délivrés.	SOMMES RECOUVRÉES EN 189 . — 1re année de l'exercice.	SOMMES RECOUVRÉES EN 189 . — 2e année de l'exercice.	TOTAL par MOIS.

(ART. 2 du budget.) *Produit des publications.*

(ART. 3 du budget.) *Produits des opérations de laboratoire autorisées par le Ministre pour le compte des particuliers.*

SECTION II. — COMPTE DES DÉPENSES. — EXERCICE 189 .

(Art. 1er du budget.) *Dépenses de personnel imputables sur les dons et legs ou sur les subventions des particuliers, des communes et des départements.*

DATES.	SITUATION DES CRÉDITS OUVERTS { par le budget primitif....... fr........... par décisions ministérielles du........................ fr........... du........................ fr........... du........................ fr........... TOTAL........... fr...........	MONTANT des BORDEREAUX d'émission de mandats.	PAYEMENTS EFFECTUÉS		TOTAL par MOIS.
			EN 189 . — 1re année de l'exercice.	EN 189 . — 2e année de l'exercice.	

(Art. 2 du budget.) *Bourses payées à l'aide des ressources prévues à l'article 1er.*

(Art. 3 du budget.) *Entretien des bâtiments.*

ACADÉMIE
d

EXERCICE 189 .

MOIS
d

Modèle n° 13.

Art. XLIII
du Règlement.

(*Format couronne.*)

FACULTÉ *ou* ÉCOLE d

EXERCICE 189 .

BORDEREAU SOMMAIRE

des recettes et des payements effectués depuis le commencement de l'exercice ci-dessus désigné jusqu'au dernier jour du mois d , par M. , Agent comptable de la (Faculté ou *École) d* .

RECETTES.

N^os des articles du budget.	DÉSIGNATION DES ARTICLES DU BUDGET.	TITRES DE PERCEPTION émis depuis le commencement de l'exercice 189 jusqu'au dernier jour du mois d	RECOUVREMENTS EFFECTUÉS depuis le commencement de l'exercice 189 jusqu'au dernier jour du mois d	OBSERVATIONS.
	TOTAL GÉNÉRAL...............			

DÉPENSES.

Nos des articles du budget.	DÉSIGNATION DES ARTICLES DU BUDGET.	MANDATS DE PAYEMENT délivrés depuis le commencement de l'exercice 189 jusqu'au dernier jour du mois d	PAYEMENTS EFFECTUÉS			MANDATS restant À PAYER.	OBSERVATIONS.
			ANTÉRIEUREMENT.	PENDANT le mois.	TOTAL des payements.		
	TOTAL GÉNÉRAL......						

CERTIFIÉ les résultats du présent bordereau conformes à mes écritures.

A , le 189

L'Agent comptable,

ACADÉMIE

d

MODÈLE N° 14.

(*Format tellière.*)

e TRIMESTRE DE L'ANNÉE 189 .

DÉCOMPTE

de la rétribution à allouer à l'Agent comptable de la (Faculté ou *École) d pour les payements qu'il a effectués pendant la période ci-dessus indiquée pour le compte de ladite (Faculté* ou *École).*

REMISES SUR LES PAYEMENTS.	MONTANT DES PAYEMENTS effectués depuis le 1er janvier.	TAUX DES REMISES (1).	MONTANT DES REMISES.	OBSERVATIONS.
Premiers 25,000 francs.........		1 franc pour 100.		
Au-dessus de 25,000 francs......		0 fr. 50 pour 100.		
.....				
.....				
TOTAL.............				
A DÉDUIRE le montant de la rétribution déjà payée pour les trimestres précédents.				
RESTE à ordonnancer au profit du comptable pour la rétribution du e trimestre.				(A)
DÉCOMPTE DE LA RETENUE DE 5 P. 0/0.				
Rétribution du trimestre......................				
A déduire un quart pour frais de bureau, conformément aux dispositions de l'article 3 de la loi du 9 juin 1853....................................				
NET.....................				
RETENUE DE 5 P. 0/0.........				
RESTE net à payer.....................				

(1) Le taux de cette rétribution a été fixé par arrêté du Ministre des Finances du 5 mars 1890.

Arrêté le présent décompte à la somme de (A)

A , le 189 .

Le (Doyen ou *Directeur),*

ACADÉMIE
d

DÉPARTEMENT
d

FACULTÉ *ou* ÉCOLE D

ARTICLE DU BUDGET.

Modèle n° 15.

Art. XLVIII
du Règlement.

(*Format couronne.*)

N° DU COMPTE DE GESTION.

BORDEREAU

détaillé des titres de perception et des versements effectués.

TITRES DE PERCEPTION.			RECOUVREMENTS.		
NUMÉRO d'ordre.	DATE DU TITRE.	MONTANT DU TITRE.	NUMÉRO d'ordre de la quittance à souche.	DATE du versement.	MONTANT du versement.
	A reporter........			A reporter........	

TITRES DE PERCEPTION.			RECOUVREMENTS.		
NUMÉRO d'ordre.	DATE DU TITRE.	MONTANT DU TITRE.	NUMÉRO d'ordre de la quittance à souche.	DATE du versement.	MONTANT du versement.
	Report...........			Report...........	
	Total...........			Total...........	

COMPARAISON DES TITRES DE PERCEPTION ET DES RECOUVREMENTS.

MONTANT des titres émis.	MONTANT des recouvrements effectués.	RESTE à recouvrer.

Certifié exact :

A , le 189 .

Vu et vérifié :

Le (*Doyen ou Directeur*),

L'Agent comptable,

ACADÉMIE

d

—

DÉPARTEMENT

d

FACULTÉ *ou* ÉCOLE D

EXERCICE 189 .

MODÈLE N° 16.

Art. XLIV du règlement.

Feuille double (*Format tellière.*)

ÉTAT

des mandats non payés au 31 mars 189 , époque de la clôture définitive de l'exercice.

NUMÉROS des ARTICLES du budget.	DÉSIGNATION DES ARTICLES.	NOMS ET QUALITÉS DES CRÉANCIERS.	NUMÉRO des mandats.	MONTANT DES MANDATS non payés.	NOMBRE des PIÈCES juitifica-tives jointes.	OBSERVATIONS.
		TOTAL.............				

Certifié les résultats du présent bordereau conformes à mes écritures.

A , le 189 .

L'Agent comptable,

ACADÉMIE

d

DÉPARTEMENT

d

MODÈLE N° 17.

Art. XLVIII du Règlement.

Feuille double (*Format couronne.*)

FACULTÉ *ou* ÉCOLE D

N° DU COMPTE DE GESTION.

ARTICLE DU BUDGET.

(1)

Bordereau détaillé, par articles, des mandats acquittés pendant l'exercice.

NUMÉROS d'ordre.	DÉSIGNATION DES MANDATS.		NOMBRE DES PIÈCES jointes à chaque mandat.	SOMMES PAYÉES.	OBSERVATIONS.
	NUMÉRO.	NOM DU TITULAIRE.			
1	2	3	4	5	6
Nombre des mandats.					
		TOTAUX..............			

(1) Indiquer le titre de l'article.

MINISTÈRE
DE L'INSTRUCTION
PUBLIQUE.

MODÈLE N° 18.

Art. XLIX du Règlement.

(Format écu.)

ACADÉMIE

d

FACULTÉ *ou* ÉCOLE

d

COMPTE

DE LA GESTION 189 (2e PARTIE) ET DE LA GESTION 189 (1re PARTIE).

Que présente à la Cour des comptes M.
Agent comptable de la (Faculté ou École) d *pour les* Recettes *et les* Dépenses *faites, savoir :*
1° Pendant l'année 189 , sur les services budgétaires des exercices 189 et 189 , ainsi que sur les services hors budget ;
2° Pendant l'année 189 , sur les services budgétaires de l'exercice 189 .

SITUATION DU COMPTABLE AU 31 DÉCEMBRE 189 .

Excédent des recettes au 31 décembre 189 , représenté à cette époque par des valeurs matérielles qui ont été reconnues suivant procès-verbal de clôture des registres ; lequel excédent sera reporté à la fin du présent compte pour établir la situation du comptable au 31 décembre 189 , savoir :

Sur les services budgétaires.........................
Sur les services hors budget.........................

GESTION 189 . (1re PARTIE.)

OPÉRATIONS COMPLÉMENTAIRES DE L'EXERCICE 189 , CLOS AU 31 MARS 189 . (RAPPEL.)

Le Comptable rapporte ici, pour servir à l'établissement de sa situation au 31 décembre 189 , les recettes et les dépenses effectuées dans les trois premiers mois de la gestion 189 , sur l'exercice 189 , lesquelles sont détaillées dans le compte précédent et dont les justifications ont été produites par lui. Elles s'élèvent, savoir :

Les recettes, à la somme de.................................
Les dépenses, à celle de.....................................

GESTION 189 . (2e PARTIE.)

OPÉRATIONS DES DOUZE PREMIERS MOIS DE L'EXERCICE 189 .

RECETTE.

Fait recette le comptable de la somme de montant des recouvrements effectués par lui pendant l'année 189 , tant sur les produits portés au budget de l'exercice 189 et sur les produits reportés de l'exercice 189 que sur les produits perçus en vertu d'autorisations supplémentaires, lesquels recouvrements sont justifiés conformément aux instructions, ci...

GESTION 189 . (1re PARTIE.)

OPÉRATIONS COMPLÉMENTAIRES DE L'EXERCICE 189 , CLOS LE 31 MARS 189 .

RECETTE.

Fait recette le comptable de la somme de montant des recouvrements effectués pendant les trois premiers mois de la gestion 189 , sur les produits désignés ci-contre, lesquels recouvrements sont justifiés conformément aux instructions, ci.................. F

Rappel des recouvrements effectués en 189 ....

TOTAL des recouvrements de l'exercice 189 .... F

NUMÉROS D'ORDRE. (SÉRIE UNIQUE.)	NUMÉROS DES ARTICLES DU BUDGET.	DÉSIGNATION des CHAPITRES ET ARTICLES.	SOMMES À RECOUVRER au compte de l'exercice 189 . Fixation provisoire d'après le budget primitif, le budget additionnel et les autorisations spéciales.	Montant des produits d'après les titres et actes justificatifs, déduction faite des réductions.	GESTION 189 . — RECOUVREMENTS effectués pendant les 12 premiers mois de l'exercice 189 .	GESTION 189 . — RECOUVREMENTS effectués pendant les 3 mois complémentaires de l'exercice 189 .	TOTAUX des RECOUVREMENTS de l'exercice 189 . (Col. 6 et 7.)	RESTES à RECOUVRER au 31 mars 189 , à reporter à l'exercice 189 .	OBSERVATIONS.
1	2	3	4	5	6	7	8	9	10
		CHAPITRE PREMIER. RECETTES ORDINAIRES.							
	1	Revenus des biens meubles et immeubles..........................							
	2	Produit des publications........							
		A reporter..........							

GESTION 189 . (2e PARTIE.)
(12 premiers mois de l'exercice 189 .)

GESTION 189 . (1re PARTIE.)
(3 mois complémentaires de l'exercice 189 .)

NUMÉROS D'ORDRE (SÉRIE UNIQUE)	NUMÉROS DES ARTICLES DU BUDGET.	DÉSIGNATION des CHAPITRES ET ARTICLES.	SOMMES À RECOUVRER au compte de l'exercice 189 . Fixation provisoire d'après le budget primitif, le budget additionnel et les autorisations spéciales.	SOMMES À RECOUVRER au compte de l'exercice 189 . Montant des produits d'après les titres et actes justificatifs, déduction faite des réductions.	GESTION 189 . — RECOUVREMENTS effectués pendant les 12 premiers mois de l'exercice 189 .	GESTION 189 . — RECOUVREMENTS effectués pendant les 3 mois complémentaires de l'exercice 189 .	TOTAUX des RECOUVREMENTS de l'exercice 189 . (Col. 6 et 7.)	RESTES à RECOUVRER au 31 mars 189 , à reporter à l'exercice 189 .	OBSERVATIONS.
1	2	3	4	5	6	7	8	9	10
		Report.............							
	3	Produit des opérations autorisées par le Ministre de l'Instruction publique dans les laboratoires pour le compte des particuliers, et dont la dépense est remboursée conformément aux conditions déterminées par le Conseil de la Faculté ou de l'établissement assimilé......................							
	4	Subventions des particuliers, des communes et des départements.							
	5	Subventions de l'État pour les dépenses du matériel							
	6	Restes disponibles des exercices précédents..................							
		CHAPITRE II. RECETTES EXTRAORDINAIRES.							
	7	Produit des dons et legs							
	8	Produit du remboursement des rentes et de l'aliénation des biens meubles et immeubles........							
	9	Produit de l'aliénation faite, après autorisation du Recteur, des objets mobiliers hors d'usage........							
	10	Produit de l'aliénation faite, après autorisation du Ministre de l'Instruction publique, des objets de collection..................							
	11	Produit des emprunts contractés après autorisation du Ministre de l'Instruction publique.......							
	12	Recettes accidentelles et imprévues.							
		Totaux généraux.......							

GESTION 189 . (2e PARTIE.)

(12 premiers mois de l'exercice 189 .)

DÉPENSE.

Fait DÉPENSE le comptable de

montant des payements qu'il a effectués pendant l'année 189 , en acquit des mandats délivrés, soit sur les crédits ouverts dans le budget de l'exercice 189 , soit sur les crédits reportés de l'exercice 189 sur l'exercice 189 , soit sur les crédits supplémentaires alloués par des décisions spéciales, lesquels payements sont justifiés conformément aux instructions, ci.................... F.

GESTION 189 . (1re PARTIE.)

(3 mois complémentaires de l'exercice 189 .)

DÉPENSE.

Fait DÉPENSE le comptable de la somme de

montant des payements qu'il a effectués sur les mêmes services pendant les 3 derniers mois de la gestion 189 , lesquels payements sont justifiés conformément aux instructions, ci... F.

Rappel des payements effectués en 189 ....

TOTAL des payements de l'exercice 189 . F.

NUMÉROS D'ORDRE. (SÉRIE UNIQUE.)	NUMÉROS DES ARTICLES DU BUDGET.	DÉSIGNATION des CHAPITRES ET ARTICLES.	CRÉDITS OUVERTS par le budget et par des décisions spéciales.	GESTION 189 . — PAYEMENTS effectués pendant les 12 premiers mois de l'exercice 189 .	GESTION 189 . — PAYEMENTS effectués pendant les 3 mois complémentaires de l'exercice 189 .	TOTAUX des PAYEMENTS de l'exercice 189 . (Col. 5 et 6.)	RESTES À PAYER au 31 mars 189 , à reporter à l'exercice 189 .	CRÉDITS ANNULÉS faute d'emploi.	OBSERVATIONS.
1	2	3	4	5	6	7	8	9	10
		CHAPITRE Ier.							
		DÉPENSES ORDINAIRES.							
	1	Dépenses de personnel imputables sur les dons et legs ou sur les subventions des particuliers, des communes et des départements......							
	2	Bourses payées à l'aide des mêmes ressources........							
	3	Entretien des bâtiments.....							
	4	Entretien du mobilier.......							
	5	Éclairage et chauffage......							
	6	Impressions et frais de bureau..							
	7	Frais matériels des examens..							
	8	Entretien et accroissement des collections.............							
	9	Frais de cours et de laboratoire..................							
	10	Frais de travaux pratiques des étudiants..............							
	11	Frais des publications......							
	12	Frais des opérations autorisées dans les laboratoires pour le compte des particuliers.							
	13	Acquisitions et allocations pour prix et médailles........							
	14	Rétribution de l'agent comptable..................							
	15	Dépenses diverses ou imprévues...................							
	16	Dépenses nécessaires pour assurer le service des emprunts................							
	17	Dépenses restant à payer sur l'exercice précédent......							
	(A)								
		À reporter.........							

(A) *Ouvrir, quand il y a lieu, un article 17* bis, *pour les dépenses du matériel de la bibliothèque universitaire.*

GESTION 189 . (2e PARTIE.)

(12 premiers mois de l'exercice 189 .)

GESTION 189 . (1re PARTIE.)

(3 mois complémentaires de l'exercice 189 .)

NUMÉROS D'ORDRE. (SÉRIE UNIQUE.)	NUMÉROS DES ARTICLES DU BUDGET.	DÉSIGNATION des CHAPITRES ET ARTICLES.	CRÉDITS OUVERTS par le budget et par des décisions spéciales.	GESTION 189 . — PAYEMENTS effectués pendant les 12 premiers mois de l'exercice 189 .	GESTION 189 . — PAYEMENTS effectués pendant les 3 mois complémentaires de l'exercice 189 .	TOTAUX des PAYEMENTS de l'exercice 189 . (Col. 5 et 6.)	RESTES À PAYER au 31 mars 189 , à reporter à l'exercice 189 .	CRÉDITS ANNULÉS faute d'emploi.	OBSERVATIONS.
1	2	3	4	5	6	7	8	9	10
		Report...........							
		CHAPITRE II.							
		DÉPENSES EXTRAORDINAIRES.							
	18	Placements de fonds et acquisitions d'immeubles......							
	19	Frais de procédure.........							
	20	Dépenses temporaires et accidentelles imputées sur les recettes extraordinaires...							
		TOTAUX GÉNÉRAUX...							

GESTION 189 . (2e Partie.)

OPÉRATIONS RELATIVES AUX SERVICES HORS BUDGET.

RECETTE.

Fait Recette le Comptable de la somme de montant des recouvrements effectués par lui, pendant l'année 189 , pour les *Services exécutés en dehors des budgets,* lesquels recouvrements sont justifiés conformément aux instructions, ci........... *F.*

Numéros d'ordre (Série unique). 1	Numéros des services. 2	Désignation des services. 3	Restes à recouvrer au 31 décembre 189 . 4	Titres émis en 189 . 5	Total à recouvrer. 6	Recouvrements effectués. 7	Restes à recouvrer au 31 décembre 189 . 8	Observations. 9
	1	Retenues sur traitements pour le service des pensions civiles..............						
	2	Retenues en vertu d'oppositions......						
	3	Dépôts de garantie pour fournitures et travaux......................						
		Totaux................						

DÉPENSE.

Fait Dépense le Comptable de la somme de montant des payements effectués par lui, pendant l'année 189 , pour les *Services exécutés en dehors des budgets,* lesquels payements sont justifiés conformément aux instructions, ci..................... *F.*

Numéros d'ordre (Série unique). 1	Numéros des services. 2	Désignation des services. 3	Payements effectués. 4	Rappel des recettes. Excédents de recette au 31 décembre 189 . 5	Recouvrements effectués (col. 7 du cadre ci-dessus). 6	Total des recettes. 7	Excédents de recette au 31 décembre 189 . 8	Observations. 9
	1	Versements au Trésor des retenues pour le service des pensions civiles.......						
	2	Versements des retenues en vertu d'oppositions......................						
	3	Restitution des dépôts de garantie.....						
		Totaux...............						

SITUATION DU COMPTABLE AU 31 DÉCEMBRE 189 .

	SERVICES BUDGÉTAIRES.	SERVICES HORS BUDGET.	TOTAUX.
Les Recettes effectuées pendant la gestion 189 s'élèvent, savoir :			
Sur l'exercice 189 , suivant le rappel fait en tête du présent compte, à..........		"	
Sur l'exercice 189 , suivant les détails ci-dessus, à..............................			
Sur les services hors budget, à..	"		
Les Dépenses acquittées pendant la gestion 189 s'élèvent, savoir :			
Sur l'exercice 189 , suivant le rappel fait en tête du présent compte, à.........		"	
Sur l'exercice 189 , suivant les détails ci-dessus, à..............................			
Sur les services hors budget, à..	"		
Excédent de la sur la			
D'après la situation au 31 décembre 189 , rapportée au premier article du présent compte, le comptable se trouvait, à cette époque, débiteur de.................................			
Il en résulte que le comptable était, au 31 décembre 189 , débiteur :			
Pour les services compris dans les budgets, de......................................		"	
Pour les services hors budget, de..	"		

Le comptable devait donc représenter dans sa caisse une somme de F.

Cette somme a été en effet représentée à la même époque du 31 décembre 189 , ainsi que le constate le procès-verbal rapporté à l'appui du présent compte, par les valeurs ci-après, savoir :

Situation et solde de caisse au 31 décembre 189 .			
Fonds disponibles en caisse	appartenant à la (Faculté ou École)...........................		
	provenant des services exécutés en dehors des budgets.........		
Fonds placés au Trésor..			
Avances à recouvrer	pour		
	pour		
Somme égale..			

Cet excédent de recette au 31 décembre 189 sera rapporté en tête du compte de la gestion 189 (2ᵉ partie), pour servir à l'établissement de la situation du comptable au 31 décembre 189 .

RÉSULTAT FINAL DE L'EXERCICE 189 , CLOS AU 31 MARS 189 .

	RECETTES.	DÉPENSES.
Les Recettes effectuées pendant les trois premiers mois de la gestion 189 , sur l'exercice 189 , s'élèvent à..		"
Les Dépenses constatées pendant la même période sur ledit exercice, montent à...............	"	
Ces opérations seront rapportées en tête du compte de la gestion 189 (2ᵉ partie), pour servir à l'établissement de la situation du comptable au 31 décembre 189 .		
Rappel des opérations effectuées en 189 . — Recettes...		"
Dépenses..	"	
Totaux des opérations de l'exercice 189		

Excédent de	
Le Résultat définitif de l'exercice 189 , porté *pour mémoire* au compte ci-dessus, présente un excédent de de...	
Le Résultat définitif de l'exercice 189 , égal au compte d'administration du même exercice, est un excédent de de...	

L'agent comptable soussigné affirme véritable, sous les peines de droit, le présent compte, comprenant, pour la gestion 189 : 1° le rappel des opérations complémentaires de l'exercice 189 ; 2° les recettes et les dépenses des douze premiers mois de l'exercice 189 ; 3° les recettes et les dépenses des service hors budget; et, pour la gestion 189 , les opérations complémentaires de l'exercice 189 .

Le comptable affirme, en outre, et sous les mêmes peines, que les recettes et les dépenses portées dans ce compte sont, sans exception, toutes celles q ont été faites pour le service de la (Faculté ou École) et qu'il n'en existe aucune autre à sa connaissance.

A , le 189 .

L'Agent comptable,

Certifié le présent compte conforme dans toutes ses parties, aux résultats de la comptabilité de l'agent comptable.

A , le 189 .

Le (Doyen ou Directeur),

ACADÉMIE
d

FACULTÉ *OU* ÉCOLE
d

Modèle n° 19.

Art. XLVIII du Règlement.

(Format écu.)

ÉTAT

DES

PROPRIÉTÉS FONCIÈRES(1), RENTES ET CRÉANCES MOBILIÈRES

QUI COMPOSENT L'ACTIF DE LA FACULTÉ *OU* ÉCOLE,

ET DES PRIX DE BAUX ET ARRÉRAGES DE RENTES.

À PERCEVOIR.

GESTION 189 .

(1) On doit faire figurer dans le présent état toutes les propriétés foncières, quelle qu'en soit la nature, même les maisons et autres propriétés affectées à un service de la Faculté ou École.

Suite du MODÈLE N° 19.

DÉPARTEMENT

d

NOTA. Les produits doivent être totalisés par article du compte.

GESTI

ÉTAT des propriétés foncières, rentes et créances mobilières qui composent l'a

NUMÉROS D'ORDRE.	PROPRIÉTÉS FONCIÈRES, RENTE									
	NUMÉROS des articles du compte de gestion.	NATURE des immeubles, des rentes et des créances.	CONTENANCE des immeubles.	SITUATION des immeubles.	NATURE et dates des titres de propriété.	VALEUR approximative des propriétés foncières (maisons, bâtiments, édifices, etc.)	EMPLOI ou usage des propriétés foncières.	DATES des inscriptions hypothécaires prises pour la conservation des titres de créances et rentes.	NOMS des fermiers et locataires ou des débiteurs de rentes et créances.	DOMI des fer locat et débit
1	2	3	4	5	6	7	8	9	10	1

Suite du Modèle n° 19.

N 189 .

ACADÉMIE
d

FACULTÉ OU ÉCOLE
d

tif de la (*Faculté* ou *École*) *et des prix de baux et arrérages de rentes à percevoir.*

SUR PARTICULIERS, CRÉANCES DIVERSES.

AFFERMAGE DES MAISONS, USINES ET BIENS RURAUX.					RENTES SUR PARTICULIERS ET CRÉANCES DIVERSES.						RENSEIGNEMENTS sur LES PROCÉDURES entamées à l'occasion des propriétés, des créances ou des rentes sur particuliers. — OBSERVATIONS diverses.
Dates des baux.	Durée des baux.	Époques d'entrée en jouissance.	Prix annuel des baux.	Échéance des payements.	Dates des constitutions de rentes.	Qualités et charges des constitutions.	Montant des rentes et créances diverses.	Montant du capital de chaque rente et créance.	Époques d'échéance des capitaux.	Époques d'échéance des intérêts ou arrérages.	
12	13	14	15	16	17	18	19	20	21	22	23

RENTES SUR L'ÉTAT.				OBSERVATIONS.
NUMÉROS des inscriptions.	DATES de la jouissance des rentes.	MONTANT des rentes.	PRODUIT des rentes.	

CERTIFIÉ EXACT :

A , le 189 .

Le (*Doyen* ou *Directeur*),

ACADÉMIE

d

Exercice 189 .

FACULTÉ *ou* ÉCOLE

d

Modèle n° 20.

Art. XLVIII du Règlement.

(*Format tellière.*)

État des crédits supplémentaires alloués après la fixation du budget de l'exercice 189 .

NUMÉROS des ARTICLES du Compte. 1	NUMÉROS des ARTICLES du budget. 2	DATES des DÉCISIONS. 3	ATURE DES DÉPENSES. 4	MONTANT des CRÉDITS par article du Compte. 5	OBSERVATIONS. 6
			CHAPITRE Ier. DÉPENSES ORDINAIRES.		
			CHAPITRE II. DÉPENSES EXTRAORDINAIRES.		
			TOTAL..................		

Certifié exact :

A , le 189 .

Le (Doyen ou *Directeur),*

ACADÉMIE

d

FACULTÉ *ou* ÉCOLE

d

MODÈLE N° 21.

Art. XLVIII du Règlement.

(*Format couronne.*)

BORDEREAU SOMMAIRE des marchés passés, pour l'année 189 , avec les entrepreneurs et les fournisseurs de la (Faculté ou *École) d*

DÉSIGNATION DES OBJETS. 1	MODE DES MARCHÉS. 2	DURÉE DES ADJUDICATIONS et des marchés. 3	PRIX FIXÉS PAR LES ADJUDICATIONS et les marchés. 4	DATES DE L'APPROBATION des adjudications et des marchés. 5	NUMÉROS DES MANDATS auxquels SONT ANNEXÉS LES COPIES des cahiers des charges, des procès-verbaux d'adjudication et des marchés. 6	OBSERVATIONS. 7

VU ET VÉRIFIÉ :

A , le 189 .

Le (*Doyen* ou *Directeur*),

CERTIFIÉ VÉRITABLE :

A , le 189 .

L'Agent comptable,

ACADÉMIE
d

ANNÉE 189 .

MOIS
d

MODÈLE N° 22.

Art. XXIX du Règlement.

(Format couronne.)

FACULTÉ *ou* ÉCOLE

d

ÉTAT MENSUEL des sommes payées aux professeurs rétribués sur les fonds de l'article 1er du budget, dénommés ci-après, soumis à la retenue en vertu de la loi sur les pensions civiles, pour leurs traitements fixes de l'année 189 .

NOMS.	FONCTIONS.	TRAITEMENTS		RETENUES ACQUISES AU TRÉSOR,				NET à PAYER.	OBSERVATIONS. Indiquer dans cette colonne, en cas de mutation, pour les professeurs ou fonctionnaires et agents nouvellement admis, la date de la nomination, le traitement antérieur le plus élevé, l'année et la position correspondantes; pour ceux qui cessent de figurer sur les états, la destination ultérieure, s'il y a lieu. En cas d'augmentation de traitement, indiquer la date de la décision.
		par AN.	pour le MOIS.	du 20e.	du 1er douzième de traitement ou d'augmentation de traitement.	à divers titres.	TOTAL des retenues.		
1	2	3	4	5	6	7	8	9	10
	TOTAUX....								

ARRÊTÉ le présent état à la somme totale de
dont pour les retenues acquises au Trésor
et pour le net à payer pendant le mois d 189 .

A , le 189 .

L'Agent comptable,

CERTIFIÉ EXACT :

A , le 189 .

Le (Doyen ou Directeur),

ACADÉMIE

d

Année 189 .

FACULTÉ *ou* ÉCOLE

d

Modèle n° 23.

Art. XXIX et XLVIII du Règlement.

(*Format couronne.*)

État annuel des sommes payées aux professeurs, fonctionnaires et agents rétribués sur les fonds de l'article 1er du budget, dénommés ci-après, soumis à la retenue en vertu de la loi sur les pensions civiles, pour les traitements fixes pendant l'année 189 .

NOMS.	FONCTIONS.	TRAITEMENTS de L'ANNÉE.	RETENUES ACQUISES AU TRÉSOR,				NET à PAYER.	OBSERVATIONS. Indiquer dans cette colonne, en cas de mutation, pour les professeurs, fonctionnaires et agents nouvellement admis, la date de la nomination, le traitement antérieur le plus élevé, l'année et la position correspondantes; pour ceux qui cessent de figurer sur les états, la destination ultérieure, s'il y a lieu. En cas d'augmentation de traitement, indiquer la date de la décision.
			du 20e.	du 1er douzième de traitement ou d'augmentation de traitement.	à divers titres.	TOTAL des retenues.		
1	2	3	4	5	6	7	8	9
	A reporter..							

NOMS.	FONCTIONS.	TRAITEMENTS de L'ANNÉE.	RETENUES ACQUISES AU TRÉSOR, du 20e.	du 1er douzième de traitement ou d'augmentation de traitement.	à divers titres.	TOTAL des retenues.	NET à PAYER.	OBSERVATIONS. Indiquer dans cette colonne, en cas de mutation, pour les professeurs, fonctionnaires et agents nouvellement admis, la date de la nomination, le traitement antérieur le plus élevé, l'année et la position correspondantes; pour ceux qui cessent de figurer sur les états, la destination ultérieure, s'il y a lieu. En cas d'augmentation de traitement, indiquer la date de la décision.
1	2	3	4	5	6	7	8	9
	Report.....							
	TOTAUX....							

ARRÊTÉ le présent état à la somme totale de
dont pour les retenues acquises au Trésor
et pour le net à payer pendant l'année 189 .

A , le 189 . .

L'Agent comptable,

VU :
A , le 189 .
Le Recteur,

CERTIFIÉ EXACT :
A , le 189 .
Le (Doyen ou Directeur),

ACADÉMIE
d

EXERCICE 189 .

FACULTÉ *ou* ÉCOLE
d

MODÈLE N° 24.

Art. LXVIII du Règlement.

(*Format couronne.*)

GESTION { 189 . (1re PARTIE.) / 189 . (2e PARTIE.) }

BORDEREAU RÉCAPITULATIF des pièces produites par l'Agent comptable à l'appui de son compte de gestion.

DÉSIGNATION DES PIÈCES.	NOMBRE DE PIÈCES produites.
1	2
PIÈCES PRINCIPALES.	
Procès-verbal de la situation de la caisse au 31 décembre, et bordereau de situation sommaire..........	
Bordereau sommaire des marchés passés pour les fournitures et travaux pendant l'année...............	
Budget de l'exercice..	
État des crédits supplémentaires..	
État des propriétés foncières, des rentes et créances composant l'actif de la Faculté ou École............	
État récapitulatif annuel des traitements et des retenues..	
....	
....	
TOTAL des pièces principales..........................	

Suite du Modèle n° 24.

RECETTES.

NUMÉROS DES ARTICLES du compte. 1	NUMÉROS des articles du budget. 2	DÉSIGNATION DES CHAPITRES ET ARTICLES. 3	NOMBRE DE PIÈCES produites. 4	OBSERVATIONS. 5
		CHAPITRE PREMIER.		
		RECETTES ORDINAIRES.		
	1	Revenus des biens meubles et immeubles......................		
	2	Produit des publications....................................		
	3	Produit des opérations autorisées par le Ministre de l'Instruction publique dans les laboratoires pour le compte des particuliers, etc..		
	4	Subventions des particuliers, des communes et des départements...		
	5	Subventions de l'État pour les dépenses du matériel.............		
	6	Restes disponibles des exercices précédents......................		
		......		
		......		
		CHAPITRE II.		
		RECETTES EXTRAORDINAIRES.		
	7	Produit des dons et legs..		
	8	Produit du remboursement des rentes et de l'aliénation des biens meubles et immeubles..................................		
	9	Produit de l'aliénation faite, après autorisation du Recteur, des objets mobiliers hors d'usage..................................		
	10	Produit de l'aliénation faite, après autorisation du Ministre de l'Instruction publique, des objets de collection......................		
	11	Produit des emprunts contractés après autorisation du Ministre de l'Instruction publique..................................		
	12	Recettes accidentelles et imprévues..............................		
		......		
		......		
		Total des pièces produites à l'appui des recettes........		

Suite du Modèle n° 24.

DÉPENSES.

NUMÉROS des articles du compte. 1	NUMÉROS des articles du budget. 2	DÉSIGNATION des chapitres et articles. 3	NOMBRE de pièces produites, y compris les mandats. 4	OBSERVATIONS. 5
		CHAPITRE PREMIER.		
		DÉPENSES ORDINAIRES.		
	1	Dépenses de personnel imputables sur les dons et legs ou sur les subventions des particuliers, des communes et des départements..		
	2	Bourses payées à l'aide des mêmes ressources..............		
	3	Entretien des bâtiments................................		
	4	Entretien du mobilier..................................		
	5	Éclairage et chauffage.................................		
	6	Impressions et frais de bureau..........................		
	7	Frais matériels des examens............................		
	8	Entretien et accroissement des collections.................		
	9	Frais de cours et de laboratoire.........................		
	10	Frais de travaux pratiques des étudiants..................		
	11	Frais des publications..................................		
	12	Frais des opérations autorisées dans les laboratoires pour le compte des particuliers..................................		
	13	Acquisitions et allocations pour prix et médailles............		
	14	Rétribution de l'agent comptable........................		
	15	Dépenses diverses ou imprévues..........................		
	16	Dépenses nécessaires pour assurer le service des emprunts......		
	17	Dépenses restant à payer sur l'exercice précédent.............		
		....		
		....		
		CHAPITRE II.		
		DÉPENSES EXTRAORDINAIRES.		
	18	Placements de fonds et acquisitions d'immeubles............		
	19	Frais de procédure.....................................		
	20	Dépenses temporaires et accidentelles imputées sur les recettes extraordinaires......................................		
		....		
		....		
		Total des pièces produites à l'appui des dépenses..		

Suite du Modèle n° 24.

SERVICES HORS BUDGET.

NUMÉROS DES ARTICLES du compte. 1	DÉSIGNATION DES SERVICES. 2	NOMBRE DE PIÈCES produites. 3	OBSERVATIONS. 4
	RECETTES.		
	Retenues sur traitements et indemnités pour le service des pensions civiles.		
	Retenues en vue d'oppositions.		
	. . . .		
	. . . .		
	. . . .		
	. . . .		
	DÉPENSES.		
	Versements au Trésor des retenues pour le service des pensions civiles.		
	Versements des retenues en vertu d'oppositions.		
	. . . .		
	. . . .		
	. . . .		
	. . . .		
	Total des pièces produites pour les services hors budget. . .		
	RÉCAPITULATION.		
	Pièces principales.		
	Pièces produites pour la justification des recettes		
	Pièces produites pour la justification des dépenses.		
	Pièces produites pour la justification des services hors budget.		
	Total général.		

ACADÉMIE
d

FACULTÉ ou ÉCOLE
d

MODÈLE N° 25.
Art. XLIX du Règlement.
AGENT COMPTABLE remplacé du 1er janvier au 31 mars.
Exercice clos.
(Format écu.)

COMPTE

DE LA

GESTION 189 (2e PARTIE)

ET DE LA GESTION 189 (1re PARTIE)

(DU 1er JANVIER AU 189),

Que présente à la Cour des comptes M , agent comptable de la (Faculté ou École) d pour les Recettes et les Dépenses faites, savoir :

1° Pendant l'année 189 , sur les services budgétaires des exercices 189 et 189 , ainsi que sur les services hors budget;

2° Pendant l'année 189 (du 1er janvier au 189), sur les services budgétaires de l'exercice 189 .

SITUATION DU COMPTABLE AU 31 DÉCEMBRE 189 .

Excédent des RECETTES au 31 décembre 189 représenté à cette époque par les valeurs matérielles qui ont été reconnues suivant procès-verbal de clôture des registres; lequel excédent sera reporté à la fin du présent Compte pour établir la situation du comptable au 31 décembre 189 , savoir :

Sur les services budgétaires..........
Sur les services hors budget..........

GESTION 189 . (1re PARTIE.)

OPÉRATIONS COMPLÉMENTAIRES DE L'EXERCICE 189 . (RAPPEL.)

Le comptable rapporte ici, pour servir à l'établissement de sa situation au 31 décembre 189 , les recettes et les dépenses effectuées dans la première partie de la gestion 189 , sur l'exercice 189 , lesquelles sont détaillées dans le Compte précédent et dont les justifications ont été produites par lui. Elles s'élèvent, savoir :

Les RECETTES, à la somme de..........
Les DÉPENSES, à la somme de..........

GESTION 189 . (2e PARTIE.)

OPÉRATIONS DES 12 PREMIERS MOIS DE L'EXERCICE 189 .

RECETTE.

Fait RECETTE le comptable de la somme de montant des recouvrements effectués par lui, pendant l'année 189 , tant sur les produits portés au budget de l'exercice 189 et sur les produits reportés de l'exercice 189 , que sur les produits perçus en vertu d'autorisations supplémentaires, lesquels recouvrements sont justifiés conformément aux instructions, ci..........

GESTION 189 . (1re PARTIE.)

Du 1er janvier au 189 .

OPÉRATIONS COMPLÉMENTAIRES DE L'EXERCICE 189 .

RECETTE.

Fait RECETTE le comptable de la somme de montant des recouvrements effectués pendant la gestion 189 , (du 1er janvier au 189) sur les produits désignés ci-contre, lesquels recouvrements sont justifiés conformément aux instructions, ci.....
Rappel des recouvrements effectués en 189 ....

TOTAL des recouvrements de l'exercice 189 à l'époque du 189 ....

NUMÉROS D'ORDRE. (SÉRIE UNIQUE.)	NUMÉROS DES ARTICLES DU BUDGET.	DÉSIGNATION des ARTICLES DU BUDGET.	SOMMES À RECOUVRER AU COMPTE DE L'EXERCICE 189 .		GESTION 189 .	GESTION 189 .	TOTAUX des RECOUVREMENTS de l'exercice 189 au 189 .	RESTES à RECOUVRER au 189 , époque de la cessation des fonctions.	OBSERVATIONS.
			Fixation provisoire d'après le budget primitif, le budget additionnel et les autorisations spéciales.	Montant des produits d'après les titres et actes justificatifs, déduction faite des réductions.	Recouvrements effectués pendant les douze premiers mois de l'exercice 189 .	Recouvrements effectués du 1er janvier au 189 sur l'exercice 189 .			
1	2	3	4	5	6	7	8	9	10
		TOTAUX GÉNÉRAUX...							

Suite du Modèle n° 25.

GESTION 189 . (2e Partie.)

OPÉRATIONS DES 12 PREMIERS MOIS DE L'EXERCICE 189 .

DÉPENSE.

Fait Dépense le comptable de la somme de francs, montant des payements qu'il a effectués pendant l'année 189 , en acquit des mandats délivrés, soit sur les crédits ouverts dans le budget de l'exercice 189 , soit sur les crédits reportés de l'exercice 189 sur l'exercice 189 , soit sur les crédits ouverts par des décisions spéciales, lesquels payements sont justifiés conformément aux instructions, ci........................

GESTION 189 . (1re Partie.)

OPÉRATIONS EFFECTUÉES DU 1er JANVIER AU 189 SUR L'EXERCICE 189 .

DÉPENSE.

Fait Dépense le comptable de la somme de francs, montant des payements qu'il a effectués sur les mêmes services pendant la gestion 189 (du 1er janvier au 189), lesquels payements sont justifiés conformément aux instructions, ci........................

Rappel des payements effectués en 189 ....

Total des payements de l'exercice 189 à l'époque du 189 ....

NUMÉROS D'ORDRE. (série unique.)	NUMÉROS des articles du budget.	DÉSIGNATION des articles du budget.	CRÉDITS ouverts par le budget et les décisions spéciales.	GESTION 189 . — Payements effectués pendant les douze premiers mois de l'exercice 189 .	GESTION 189 . — Payements effectuées du 1er janvier au 189 sur l'exercice 189 .	TOTAUX des payements de l'exercice 189 au 189 .	RESTES à payer au 189 , époque de la cessation des fonctions.	OBSERVATIONS.
1	2	3	4	5	6	7	8	9
		Totaux généraux....						

Suite du Modèle n° 25.

GESTION 189 . (2e partie.)

OPÉRATIONS RELATIVES AUX SERVICES HORS BUDGET.

RECETTE.

Fait Recette le comptable de la somme de , montant des recouvrements effectués par lui, pendant l'année 189 , pour *les services exécutés en dehors des budgets,* lesquels recouvrements sont justifiés conformément aux instructions, ci..

NUMÉROS d'ordre. (Série unique.)	NUMÉROS des services.	DÉSIGNATION des services.	RESTES à recouvrer au 31 décembre 189 .	TITRES émis en 189 .	TOTAL à recouvrer.	RECOUVREMENTS effectués.	RESTES à recouvrer au 31 décembre 189 .	OBSERVATIONS.
1	2	3	4	5	6	7	8	9
		....						
		....						
		....						
		....						
		....						
		....						
		Total..............						

DÉPENSE.

Fait Dépense le comptable de la somme de , montant des payements effectués par lui, pendant l'année 189 , pour *les services exécutés en dehors des budgets,* lesquels payements sont justifiés conformément aux instructions, ci..

NUMÉROS d'ordre. (Série unique.)	NUMÉROS des services.	DÉSIGNATION des services.	PAYEMENTS effectués.	RAPPEL DES RECETTES. EXCÉDENTS de recette au 31 décembre 189 .	RAPPEL DES RECETTES. RECOUVREMENTS effectués. (Col. 7 du cadre ci-dessus.)	RAPPEL DES RECETTES. TOTAL des recettes.	EXCÉDENTS de recette au 31 décembre 189 .	OBSERVATIONS.
1	2	3	4	5	6	7	8	9
		....						
		....						
		....						
		....						
		Total..............						

Suite du Modèle n° 25.

SITUATION DU COMPTABLE AU 31 DÉCEMBRE 189 .

	SERVICES BUDGÉTAIRES. 1	SERVICES HORS BUDGET. 2	TOTAUX. 3
Les Recettes effectuées pendant la gestion 189 s'élèvent, savoir :			
Sur l'exercice 189 , suivant le rappel fait en tête du présent Compte, à......			
Sur l'exercice 189 , suivant les détails ci-dessus, à......................			
Sur les services hors budget, à..			
Les Dépenses acquittées pendant la gestion 189 s'élèvent, savoir :			
Sur l'exercice 189 , suivant le rappel fait en tête du présent Compte, à......			
Sur l'exercice 189 , suivant les détails ci-dessus, à......................			
Sur les services hors budget, à..			
Excédent de la { recette sur la dépense..............................			
Excédent de la { dépense sur la recette..............................			
D'après la situation au 31 décembre 189 , rapportée au premier article du présent Compte, le comptable se trouvait, à cette époque, débiteur de..............			
Il en résulte que le comptable était, au 31 décembre 189 , débiteur :			
Pour les services compris dans les budgets, de..............................			
Pour les services hors budget, de..............................			

Le comptable devait donc représenter dans sa caisse une somme de

Cette somme a été en effet représentée à la même époque du 31 décembre 189 , ainsi que le constate le procès-verbal rapporté à l'appui du présent Compte, par les valeurs ci-après, savoir :

Situation et solde de caisse au 31 décembre 189 .	Fonds disponibles en caisse	appartenant à la (Faculté *ou* École)................	
		provenant des services exécutés en dehors des budgets	
Somme égale..			

Cet excédent de recette au 31 décembre 189 sera rapporté en tête du Compte de la gestion 189 (2e partie), du 1er janvier au 189 , pour servir à l'établissement de la situation du comptable au 189 , jour de la cessation de ses fonctions.

RÉSULTAT PROVISOIRE DE L'EXERCICE 189 .

	RECETTES.	DÉPENSES.
Les Recettes effectuées pendant la gestion 189 , du 1er janvier au 189 , sur l'exercice 189 , s'élèvent à....................................		
Les Dépenses constatées du 1er janvier au 189 sur l'exercice 189 se montent à..		
Ces opérations seront rapportées en tête du Compte de la gestion 189 (2e partie), pour servir à l'établissement de la situation du comptable au 189 , jour de la cessation de ses fonctions.		
Rappel des opérations effectuées en 189 . { Recettes..		
Rappel des opérations effectuées en 189 . { Dépenses..		
Totaux des opérations de l'exercice 189 au 189		

Ces opérations seront rapportées pour ordre par le nouvel agent comptable, pour servir à l'établissement du résultat final de l'exercice 189 .

L'agent comptable soussigné affirme véritable, sous les peines de droit, le présent Compte, comprenant, pour la gestion 189 : 1° le rappel des opérations complémentaires de l'exercice 189 ; 2° les recettes et les dépenses des douze premiers mois de l'exercice 189 ; 3° les recettes et les dépenses des services hors budget; et, pour la gestion 189 , du 1er janvier au 189 , jour de la cessation de ses fonctions, les opérations qu'il a effectuées pendant cette période sur l'exercice 189 .

Le comptable affirme en outre, et sous les mêmes peines, que les recettes et dépenses portées dans ce compte sont, sans exception, toutes celles qui ont été faites pour le service de la (Faculté *ou* École) et qu'il n'en existe aucune autre à sa connaissance.

A , le 189 .

L'Agent comptable,

Certifié le présent Compte conforme dans toutes ses parties aux résultats de la comptabilité de l'agent comptable.

A , le 189 .

Le (Doyen ou Directeur),

ACADÉMIE
d

FACULTÉ ou ÉCOLE
d

Modèle n° 26.

Art. XLIX du Règlement.

AGENT COMPTABLE REMPLACÉ, soit avant, soit après le 31 mars.

Exercice courant.

(Format écu.)

COMPTE

DE LA GESTION 189 . (2e PARTIE.)

DU 1er JANVIER AU 189 ,

Que présente à la Cour des comptes M. agent comptable de la (Faculté ou École) d pour les Recettes et les Dépenses faites par lui, du 1er janvier au 189 , sur les services budgétaires de l'exercice 189 , ainsi que sur les services hors budget.

SITUATION DU COMPTABLE AU 31 DÉCEMBRE 189 .

Excédent des Recettes au 31 décembre 189 , représenté à cette époque par les valeurs matérielles qui ont été reconnues suivant procès-verbal de clôture des registres; lequel excédent sera reporté à la fin du présent Compte pour établir la situation du comptable au 189 , jour de la cessation de ses fonctions, savoir :

Sur les services budgétaires..
Sur les services hors budget..

GESTION 189 . (1re PARTIE.)

OPÉRATIONS COMPLÉMENTAIRES DE L'EXERCICE 189 . (RAPPEL.)

Le comptable rapporte ici, pour servir à l'établissement de sa situation au 189 , jour de la cessation de ses fonctions, les Recettes et les Dépenses effectuées pendant la gestion 189 (du 1er janvier au 189), sur l'exercice 189 , lesquelles sont détaillées dans le Compte précédent et dont les justifications ont été produites par lui. Elles s'élèvent, savoir :

Les Recettes, à la somme de..
Les Dépenses, à celle de..

GESTION 189 . (2e PARTIE.)

DU 1er JANVIER AU 189 .

OPÉRATIONS RELATIVES AUX DOUZE PREMIERS MOIS DE L'EXERCICE 189 .

RECETTE.

Fait Recette le comptable de la somme de , montant des recouvrements effectués par lui, du 1er janvier au 189 , jour de la cessation de ses fonctions, tant sur les produits portés au budget de l'exercice 189 et sur les produits reportés de l'exercice 189 , que sur les produits perçus en vertu d'autorisations supplémentaires, lesquels recouvrements sont justifiés conformément aux instructions, ci...

NUMÉROS D'ORDRE. (Série unique.)	NUMÉROS DES ARTICLES du budget.	DÉSIGNATION DES ARTICLES DU BUDGET.	SOMMES À RECOUVRER AU COMPTE DE L'EXERCICE 189 .		GESTION 189 . — RECOUVREMENTS effectués du 1er janvier au 189 sur l'exercice 189 .	RESTES À RECOUVRER au 189 , époque de la cessation des fonctions.	OBSERVATIONS.
			Fixation provisoire d'après le budget primitif, le budget additionnel et les autorisations spéciales.	Montant des produits d'après les titres et actes justificatifs, déduction faite des réductions.			
1	2	3	4	5	6	7	8
		Totaux généraux.....					

Suite du Modèle n° 26.

GESTION 189 . (2e partie.)

du 1er janvier au 189 .

OPÉRATIONS RELATIVES AUX DOUZE PREMIERS MOIS DE L'EXERCICE 189 .

DÉPENSE.

Fait Dépense le comptable de la somme de , montant des payements qu'il a effectués du 1er janvier au 189 , date de la cessation de ses fonctions, en acquit des mandats délivrés, soit sur les crédits ouverts dans le budget de l'exercice 189 , soit sur les crédits reportés de l'exercice 189 , sur l'exercice 189 , soit sur les crédits ouverts par des décisions spéciales, lesquels payements sont justifiés conformément aux instructions, ci........................

Numéros d'ordre. (Série unique.) 1	Numéros des articles du budget. 2	Désignation des articles du budget. 3	Crédits ouverts par le budget et les décisions spéciales. 4	Gestion 189 . — Payements effectués du 1er janvier au 189 , sur l'exercice 189 . 5	Restes à payer au 189 , époque de la cessation des fonctions. 6	Observations. 7
		Totaux généraux.....				

Suite du Modèle n° 20.

GESTION 189 . (2e partie).

DU 1er JANVIER AU 189 .

OPÉRATIONS RELATIVES AUX SERVICES HORS BUDGET.

RECETTE.

Fait Recette le comptable de la somme de
montant des recouvrements effectués par lui, du 1er janvier au 189 , pour les *services exécutés en dehors des budgets*, lesquels recouvrements sont justifiés conformément aux instructions, ci......

NUMÉROS d'ordre. (Série unique.)	NUMÉROS des services.	DÉSIGNATION DES SERVICES.	RESTES à recouvrer au 31 décembre 189 .	TITRES émis du 1er janvier au 189 .	TOTAL à recouvrer.	RECOUVREMENTS effectués du 1er janvier au 189 .	RESTES à recouvrer au 189 , jour de la cessation des fonctions.	OBSERVATIONS.
1	2	3	4	5	6	7	8	9
		Totaux...............						

DÉPENSE.

Fait Dépense le comptable de la somme de
montant des payements effectués par lui, du 1er janvier au 189 , pour les *services exécutés en dehors des budgets*, lesquels payements sont justifiés conformément aux instructions, ci......

NUMÉROS d'ordre. (Série unique.)	NUMÉROS des services.	DÉSIGNATION DES SERVICES.	PAYEMENTS effectués du 1er janvier au 189 .	RAPPEL DES RECETTES.			EXCÉDENTS DE RECETTES au 189 , jour de la cessation des fonctions.	OBSERVATIONS.
				EXCÉDENTS de recettes au 31 décembre 189 .	RECOUVREMENTS effectués. (Colonne 7 du cadre ci-dessus.)	TOTAL des recettes.		
1	2	3	4	5	6	7	8	9
		Totaux..............						

Suite du Modèle n° 26.

SITUATION DU COMPTABLE AU 189 .

JOUR DE LA CESSATION DE SES FONCTIONS.

	SERVICES BUDGÉTAIRES. 1	SERVICES HORS BUDGET. 2	TOTAUX. 3
Les Recettes effectuées pendant la gestion 189 , du 1er janvier au 189 , s'élèvent, savoir :			
Sur l'exercice 189 , suivant le rappel fait en tête du présent Compte, à.............			
Sur l'exercice 189 , suivant les détails ci-dessus, à..................................			
Sur les services hors budget, à..			
Les Dépenses acquittées pendant la même gestion s'élèvent, savoir :			
Sur l'exercice 189 , suivant le rappel fait en tête du présent Compte, à............			
Sur l'exercice 189 , suivant les détails ci-dessus, à................................			
Sur les services hors budget, à..			
Excédent de la recette sur la dépense..			
Excédent de la dépense sur la recette..			
D'après la situation au 31 décembre 189 , rapportée au premier article du présent Compte, le comptable se trouvait à cette époque, débiteur de			
Il en résulte que le comptable était, au 189 , date de la cessation de ses fonctions, débiteur :			
Pour les services compris dans les budgets, de..			
Pour les services hors budget, de..			

Le comptable devait donc représenter dans sa caisse une somme de

Cette somme a été en effet représentée à la même époque du 189 , ainsi que le constate le procès-verbal de remise de service rapporté à l'appui du présent Compte, par les valeurs ci-après, savoir :

Situation et solde de caisse au 189 . Date de la cessation des fonctions.			
Fonds disponibles en caisse.	appartenant à la (Faculté ou École)...........................		
	provenant des services exécutés en dehors des budgets..............		
	....		
	....		
	....		
	Somme égale..		

Cette somme, ainsi que le constate le procès-verbal de remise de service susmentionné, a été versée au nouvel agent comptable, qui devra la rapporter en tête de son compte de la gestion 189 (2e partie), pour servir à l'établissement de sa situation au 31 décembre 189 .

L'agent comptable soussigné affirme véritable, sous les peines de droit, le présent Compte, comprenant, pour la gestion 189 : 1° le rappel des opérations complémentaires de l'exercice 189 ; 2° les recettes et les dépenses relatives aux douze premiers mois de l'exercice 189 ; 3° les recettes et les dépenses des services hors budget.

Le comptable affirme en outre, et sous les mêmes peines, que les recettes et les dépenses portées dans ce Compte sont, sans exception, toutes celles qui ont été faites pour le service de la (Faculté ou École), et qu'il n'en existe aucune autre à sa connaissance.

Certifié le présent Compte conforme dans toutes ses parties aux résultats de la comptabilité de l'Agent comptable.

A , le 189 .

L'Agent comptable,

A , le 189 .

Le (Doyen ou Directeur),

ACADÉMIE
d

FACULTÉ ou ÉCOLE
d

MODÈLE N° 27.

Art. XLIX du Règlement.

AGENT COMPTABLE INSTALLÉ du 1er janvier au 31 mars.

Exercice clos.

(Format écu.)

COMPTE

DE LA GESTION 189 . (1re PARTIE.)

DU AU 31 MARS 189 .

Que présente à la Cour des comptes M. agent comptable de la (Faculté ou École) d d pour les RECETTES et les DÉPENSES faites par lui, du au 31 mars 189 , sur les services budgétaires de l'exercice 189 .

GESTION 189 . (1re PARTIE.)

DU AU 31 MARS 189 .

OPÉRATIONS COMPLÉMENTAIRES DE L'EXERCICE 189 .

RECETTE.

Fait RECETTE le comptable de la somme de , montant des recouvrements effectués pendant la gestion 189 (du au 31 mars 189), sur les produits de l'exercice 189 , lesquels recouvrements sont justifiés conformément aux instructions, ci.........

RAPPEL des recouvrements effectués en 189 et en 189 par l'ancien agent comptable.........

TOTAL des recouvrements de l'exercice 189 ....

NUMÉROS D'ORDRE. (Série unique.)	NUMÉROS DES ARTICLES du budget.	DÉSIGNATION des ARTICLES du budget.	SOMMES À RECOUVRER AU COMPTE DE L'EXERCICE 189 . Fixation provisoire d'après le budget primitif, le budget additionnel et les autorisations spéciales.	SOMMES À RECOUVRER AU COMPTE DE L'EXERCICE 189 . Montant des produits d'après les titres et actes justificatifs, déduction faite des réductions.	RECOUVREMENTS EFFECTUÉS par l'ancien agent comptable en 189 et en 189 , sur l'exercice 189 .	RECOUVREMENTS EFFECTUÉS par le nouvel agent comptable du au 31 mars 189 , sur l'exercice 189 .	TOTAUX des RECOUVREMENTS de l'exercice 189 .	RESTES à RECOUVRER au 31 mars 189 , à reporter à l'exercice 189 .	OBSERVATIONS.
1	2	3	4	5	6	7	8	9	10
		TOTAUX GÉNÉRAUX...							

Suite du Modèle n° 27.

DÉPENSE.

Fait Dépense le comptable de la somme de , montant des payements qu'il a effectués sur les mêmes services pendant la gestion 189 (du au 31 mars 189), lesquels payements sont justifiés conformément aux instructions, ci..

Rappel des payements effectués en 189 et en 189 par l'ancien agent comptable.........................

Total des payements de l'exercice 189 ....

Numéros d'ordre. (Série unique.) 1	Numéros des articles du budget. 2	Désignation des articles du budget. 3	Crédits ouverts par le budget primitif et les décisions spéciales. 4	Payements effectués par l'ancien agent comptable en 189 et en 189 , sur l'exercice 189 . 5	Payements effectués par le nouvel agent comptable du au 31 mars 189 , sur l'exercice 189 6	Totaux des payements de l'exercice 189 . (Col. 5 et 6.) 7	Restes à payer au 31 mars 189 , à reporter à l'exercice 189 . 8	Crédits annulés faute d'emploi. 9	Observations. 10
		Totaux généraux....							

RÉSULTAT FINAL DE L'EXERCICE 189 .

	RECETTES. 1		DÉPENSES. 2	
Les Recettes effectuées pendant la gestion 189 (du au 31 mars 189), sur l'exercice 189 , s'élèvent à........................				
Les Dépenses constatées du au 31 mars 189 sur l'exercice 189 , montent à..				
Ces opérations sont rapportées en tête du Compte de la gestion 189 (2e partie), pour servir à l'établissement de la situation de l'agent comptable au 31 décembre 189				
Report des opérations effectuées en 189 et en 189 par l'ancien agent comptable....................... Recettes..........				
Dépenses.........				
Totaux des opérations de l'exercice 189				
Le Résultat définitif de l'exercice 189 , égal au Compte d'administration du même exercice, est en excédent de de.				

L'agent comptable soussigné affirme véritable, sous les peines de droit, le présent Compte, comprenant, pour la gestion 189 (1re partie), les opérations complémentaires de l'exercice 189 .

Le comptable affirme en outre, et sous les mêmes peines, que les recettes et dépenses portées dans ce Compte sont, sans exception, toutes celles qui ont été faites pour le service de la (Faculté *ou* École), et qu'il n'en existe aucune autre à sa connaissance.

À , le 31 mars 189 .

L'Agent comptable,

Certifié le présent Compte conforme dans toutes ses parties aux résultats de la Comptabilité de l'Agent comptable.

À , le 189

Le (*Doyen* ou *Directeur*),

ACADÉMIE

d

FACULTÉ OU ÉCOLE

d

MODÈLE N° 28.

ART. XLIX DU RÈGLEMENT.

AGENT COMPTABLE INSTALLÉ soit avant, soit après le 31 mars.

Exercice courant.

(*Format écu*).

COMPTE

DE LA GESTION 189 (2e PARTIE),

DU AU 31 DÉCEMBRE 189 ,

ET

DE LA GESTION 189 (1re PARTIE),

Que présente à la Cour des comptes M. Agent comptable de la (Faculté ou *École) d pour les* Recettes *et les* Dépenses *faites, savoir :*

1° Pendant l'année 189 (du au 31 décembre 189), sur les services budgétaires des exercices 189 et 189 , ainsi que sur les services hors budget ;

2° Pendant l'année 189 , sur les services budgétaires de l'exercice 189 .

SITUATION DU COMPTABLE AU 189 , JOUR DE L'ENTRÉE EN FONCTIONS.

Excédent des RECETTES au 189 , résultant du Compte de l'ex-agent comptable et représenté à cette époque par les valeurs matérielles qui ont été constatées par le procès-verbal de remise de service au nouvel agent comptable, lequel excédent sera reporté à la fin du présent Compte pour établir la situation du comptable au 31 décembre 189 , SAVOIR :

Sur les services budgétaires ....

Sur les services hors budget...

GESTION 189 (1re PARTIE).

OPÉRATIONS COMPLÉMENTAIRES DE L'EXERCICE 189 . (RAPPEL.)

Le comptable rapporte ici, pour servir à l'établissement de sa situation au 31 décembre 189 les Recettes et les Dépenses effectuées du au 31 mars 189 , sur l'exercice 189 , lesquelles sont détaillées dans le Compte précédent et dont les justifications ont été produites par lui. Elles s'élèvent, SAVOIR :

Les RECETTES, à la somme de...

Les DÉPENSES, à celle de...

GESTION 189 (2e PARTIE.)

DU AU 31 DÉCEMBRE 189 .

OPÉRATIONS RELATIVES AUX DOUZE PREMIERS MOIS DE L'EXERCICE 189 .

RECETTE.

Fait RECETTE le comptable de la somme de montant des recouvrements effectués par lui, du au 31 décembre 189 , tant sur les produits portés au budget de l'exercice 189 et sur les produits reportés de l'exercice 189 , que sur les produits perçus en vertu d'autorisations supplémentaires, lesquels recouvrements sont justifiés conformément aux instructions, ci...

Rappel des recouvrements effectués par l'ancien agent comptable..........

TOTAL des recouvrements de l'année 189 ....

GESTION 189 . (1re PARTIE.)

OPÉRATIONS COMPLÉMENTAIRES DE L'EXERCICE 189 .

RECETTE.

Fait RECETTE le comptable de la somme de , montant des recouvrements effectués pendant les trois premiers mois de la gestion 189 sur les produits désignés ci-contre, lesquels recouvrements sont justifiés conformément aux instructions, ci..........

Rappel des recouvrements effectués en 189 .

TOTAL des recouvrements de l'exercice 189 .

NUMÉROS D'ORDRE. (SÉRIE UNIQUE.)	NUMÉROS DES ARTICLES DU BUDGET.	DÉSIGNATION des ARTICLES DU BUDGET.	SOMMES À RECOUVRER au comptant de l'exercice 189 ,		GESTION 189 . RECOUVREMENTS effectués pendant les 12 premiers mois de l'exercice 189 ,		GESTION 189 . — Recouvrements effectués pendant les 3 mois complémentaires de l'exercice 189 .	TOTAUX des RECOUVREMENTS de l'exercice 189 . (Colonnes 6, 7, 8.)	RESTES à RECOUVRER au 31 mars 189 , à reporter à l'exercice 189 .	OBSERVATIONS.
			Fixation provisoire d'après le budget primitif, le budget additionnel et les autorisations spéciales.	Montant des produits d'après les titres et actes justificatifs, déduction faite des réductions.	par l'ancien agent comptable. (Du 1er janvier au .)	par le nouvel agent comptable. (Du au 31 décembre.)				
1	2	3	4	5	6	7	8	9	10	11
		TOTAUX GÉNÉRAUX......								

Suite du Modèle n° 28.

GESTION 189 . (2e partie.)

OPÉRATIONS RELATIVES AUX DOUZE PREMIERS MOIS DE L'EXERCICE 189 .

DÉPENSE.

Fait Dépense le comptable de la somme de montant des payements qu'il a effectués du au 31 décembre 189 , en acquit des mandats délivrés, soit sur les crédits ouverts dans le budget de l'exercice 189 , soit sur les crédits reportés de l'exercice 189 sur l'exercice 189 , soit sur les crédits ouverts par des décisions spéciales, lesquels payements sont justifiés conformément aux instructions, ci........................

Rappel des payements effectués par l'ancien agent comptable........................

Total des payements de l'année 189 ....

GESTION 189 . (1re partie.)

OPÉRATIONS COMPLÉMENTAIRES DE L'EXERCICE 189 .

DÉPENSE.

Fait Dépense le comptable de la somme de montant des payements qu'il a effectués sur les mêmes services pendant trois premiers mois de la gestion 189 , lesquels payements sont just conformément aux instructions, ci........................

Rappel des payements effectués en 189 ....

Total des payements de l'exercice 189 ....

Numéros d'ordre. (Série unique.)	Numéros des articles du budget.	Désignation des articles du budget.	Crédits ouverts par le budget et les décisions spéciales.	Gestion 189 . Payements effectués pendant les 12 premiers mois de l'exercice 189 ,		Gestion 189 . — Payements effectués pendant les 3 mois complémentaires de l'exercice 189 .	Totaux des payements de l'exercice 189 , (Col. 5, 6 et 7.)	Restes à payer au 31 mars 189 , à reporter à l'exercice 189 .	Crédits annulés faute d'emploi.	Observations.
				par l'ancien agent comptable. (Du 1er janvier au .)	par le nouvel agent comptable. (Du au 31 déc.)					
1	2	3	4	5	6	7	8	9	10	11
		Totaux généraux..								

Suite du Modèle n° 28.

GESTION 189 (2e partie), du au 31 décembre 189 .

OPÉRATIONS RELATIVES AUX SERVICES HORS BUDGET.

RECETTE.

Fait Recette le comptable de la somme de
montant des recouvrements effectués par lui, pendant l'année 189 ; du au 31 décembre 189 , pour les *services exécutés en dehors des budgets,* lesquels recouvrements sont justifiés conformément aux instructions, ci...

Numéros d'ordre. (Série unique.) 1	Numéros des services. 2	Désignation des services. 3	Restes à recouvrer au 189 , jour de l'entrée en fonctions. 4	Titres émis en 189 du au 31 décembre. 5	Total à recevoir. 6	Recouvrements effectués du au 31 décembre 189 . 7	Restes à recouvrer au 31 décembre 189 . 8	Observations. 9
		Totaux........						

DÉPENSE.

Fait Dépense le comptable de la somme de
montant des payements effectués par lui, pendant l'année 189 , du au 31 décembre 189 , pour les *services exécutés en dehors des budgets,* lesquels payements sont justifiés conformément aux instructions, ci...

Numéros d'ordre. (Série unique.) 1	Numéros des services. 2	Désignation des services. 3	Payements effectués du au 31 décembre 189 . 4	Rappel des recettes.			Excédent de recettes au 31 décembre 189 . 8	Observations. 9
				Excédent de recette au 189 jour de l'entrée en fonctions. 5	Recouvrements effectués. (Colonne 7 du cadre ci-dessus.) 6	Total des recettes. 7		
		Totaux........						

Suite du Modèle n° 28.

SITUATION DU COMPTABLE AU 31 DÉCEMBRE 189 .

	SERVICES BUDGÉTAIRES. 1	SERVICES HORS BUDGET. 2	TOTAUX. 3
Les Recettes effectuées pendant la gestion 189 (du au 31 décembre 189) s'élèvent, savoir :			
Sur l'exercice 189 , suivant le rappel fait en tête du présent Compte, à			
Sur l'exercice 189 , suivant les détails ci-dessus, à			
Sur les services hors budget, à			
Les Dépenses acquittées pendant la même gestion s'élèvent, savoir :			
Sur l'exercice 189 , suivant le rappel fait en tête du présent Compte, à			
Sur l'exercice 189 , suivant les détails ci-dessus, à			
Sur les services hors budget, à			
Excédent de la recette sur la dépense			
Excédent de la dépense sur la recette			
D'après le Compte de l'ancien agent comptable, dont le résultat est rapporté au premier article du présent Compte, le comptable se trouvait, au 189 , jour de son entrée en fonctions, débiteur de			
Il en résulte que le comptable était, au 31 décembre 189 , débiteur :			
Pour les services compris dans les budgets, de			
Pour les services hors budget, de			

Le comptable devait donc représenter dans sa caisse une somme de

Cette somme a été en effet représentée à la même époque du 31 décembre 189 , ainsi que le constate le procès-verbal rapporté à l'appui du présent Compte, par les valeurs ci-après :

Situation et solde de caisse au 31 décembre 189 .	Fonds disponibles en caisse	appartenant à la (Faculté *ou* École)		
		provenant des services exécutés en dehors des budgets		
		Somme égale		

Cet excédent de recette au 31 décembre 189 , sera rapporté en tête du Compte de la gestion 189 (2e partie), pour servir à l'établissement de la situation du comptable au 31 décembre 189 .

RÉSULTAT FINAL DE L'EXERCICE 189 .

	RECETTES. 1	DÉPENSES. 2
Les Recettes effectuées dans les trois premiers mois de la gestion 189 , sur l'exercice 189 , s'élèvent à		
Les Dépenses constatées pendant les trois premiers mois de la gestion 189 , sur l'exercice 189 , montent à		
Ces opérations seront rapportées en tête du Compte de la gestion 189 (2e partie), pour servir à l'établissement de la situation du comptable au 31 décembre 189		
Rappel des opérations effectuées en 189 — Recettes		
Rappel des opérations effectuées en 189 — Dépenses		
Totaux des opérations de l'exercice 189		

Le Résultat définitif de l'exercice 189 , égal au Compte d'administration du même exercice, est un excédent de de

L'Agent comptable soussigné affirme véritable, sous les peines de droit, le présent Compte, comprenant, pour la gestion 189 : 1° le rappel des opérations complémentaires de l'exercice 189 ; 2° les recettes et les dépenses relatives aux douze premiers mois de l'exercice 189 ; 3° les recettes et les dépenses des services hors budget; 4° pour la gestion 189 , les opérations complémentaires de l'exercice 189 .

Le comptable affirme en outre, et sous les mêmes peines, que les recettes et dépenses portées dans ce Compte sont, sans exception, toutes celles qui ont été faites pour le service de la (Faculté *ou* École) et qu'il n'en existe aucune autre à sa connaissance.

A , le

L'Agent comptable,

Certifié le présent Compte conforme dans toutes ses parties aux résultats de la comptabilité de l'Agent comptable.

A , le 189 .

Le (Doyen ou Directeur),

TABLE ANALYTIQUE.

Pages.

1. **Décret du 22 février 1890** 3

2. **Instruction sur la comptabilité des Facultés** (*Circulaire aux Recteurs*)... 9

Préambule 9

Recettes :

Recettes ordinaires.... 11
Recettes extraordinaires.... 12

Dépenses :

Dépenses ordinaires.... 13
Dépenses extraordinaires.... 15
Préparation du budget.... 15
Bibliothèque universitaire.... 15
Ouverture des crédits.... 16
Budget additionnel.... 16
Perception des recettes.... 17
Recouvrement des loyers ou revenus et autres créances.... 17
Mandatement des dépenses.... 17
Reversement de trop-payé sur mandat.... 19
De l'exercice.... 19
Bordereaux mensuels des mandats délivrés.... 19
Adjudications.... 20
Marchés.... 22
Fournitures et travaux dont le montant n'excède pas 1,500 francs.... 22
Acquisitions, aliénations et emprunts.... 23
Dépôts en compte courant.... 23
Reliquats disponibles et sans affectation déterminée.... 24
Compte d'administration.... 24

Livres et registres des ordonnateurs.

Livre-journal des crédits.... 25
Livre des droits constatés.... 25
Livre-journal des mandats.... 25
Livre des comptes par nature de dépenses.... 25

TABLE ANALYTIQUE. (Suite.)

DISPOSITIONS GÉNÉRALES

concernant le payement des dépenses et la tenue des écritures des Agents comptables.

§ 1er.

Règles applicables à toutes les dépenses.

			Pages.
Art.	Ier	Ordonnancement préalable des dépenses	29
—	II.	Acquittement des dépenses par les agents comptables	29
—	III.	Production des pièces justificatives	29
—	IV.	Services non prévus dans la nomenclature ou cas spéciaux	30
—	V.	Vérification avant payement	30
—	VI.	Visa du doyen ou directeur	30
—	VII.	Mandatement d'acomptes	30
—	VIII.	Titres ou mémoires produits en justification des dépenses	30
—	IX.	Partie prenante dénommée dans un mandat de payement	30
—	X.	Payement au profit des héritiers	31
—	XI.	Quittances à fournir par les parties prenantes	31
—	XII.	Timbre de dimension	32
—	XIII.	Rédaction des factures ou mémoires sur papier timbré	32
—	XIV.	Dépenses n'excédant pas 10 francs	32
—	XV.	Mémoire produit à titre collectif	32
—	XVI.	Timbre de dix centimes pour les quittances des dépenses de personnel et de matériel	32
—	XVII.	Quittance donnée par un intermédiaire administratif	32
—	XVIII.	Examen des mandats avant payement	32
—	XIX.	Sommes à énoncer en toutes lettres dans l'arrêté de l'ordonnateur ou du liquidateur	33
—	XX.	Approbation des ratures ou énonciations omises	33
—	XXI.	Actes notariés produits pour la justification des droits des créanciers	33
—	XXII.	Énonciation des quantités en poids ou mesures	33
—	XXIII.	Perte d'un mandat	33
—	XXIV.	Identité des parties prenantes	34
—	XXV.	Suspension d'un payement en cas d'omission et irrégularité dans les pièces produites ou d'insuffisance de crédits	34

TABLE ANALYTIQUE. (Suite.)

§ 2.

Règles applicables aux dépenses du personnel.

			Pages.
Art.	XXVI.	Mandatement des traitements	35
—	XXVII.	Payement du traitement d'un fonctionnaire ou agent absent et traité dans un établissement public	35
—	XXVIII.	Retenues à exercer pour le service des pensions civiles	35
—	XXIX.	*Services hors budget* : recette et versement par les agents comptables des retenues pour pensions civiles	35
—	XXX.	Traitements ou allocations frappés d'opposition	36

§ 3.

Règles applicables aux dépenses du matériel.

Art.	XXXI.	Mémoires ou factures d'objets matériels ou de travaux	36
—	XXXII.	Certificat de réception des objets matériels et de mention d'inscription, s'il y a lieu, de ces objets à l'inventaire ou au catalogue	37
—	XXXIII.	Mandat de premier payement, au nom d'entrepreneurs ou fournisseurs assujettis à un cautionnement	37
—	XXXIV.	Fournitures par l'Imprimerie nationale	37
—	XXXV.	Dépenses de matériel frappées d'opposition, transports ou cessions	37
—	XXXVI.	Payements distincts effectués par un même comptable	37

§ 4.

Écritures de l'agent comptable.

Art.	XXXVII.	Règles générales pour la gestion financière des Facultés et établissements assimilés	38
—	XXXVIII.	Sommes à reporter en recettes et en dépenses	38
—	XXXIX.	Tenue des écritures des agents comptables	38
—	XL.	Registres de comptabilité des agents comptables	39
—	XLI.	Inscription des recouvrements et des payements au livre des comptes ouverts. — Dépôts en compte courant	39
—	XLII.	Livre de détail des recettes et des dépenses	39
—	XLIII.	Bordereau mensuel des payements et des recouvrements effectués	40
—	XLIV.	Bordereau des sommes restant à payer à la clôture de l'exercice	40
—	XLV.	Compte de gestion	40
—	XLVI.	Situation au 31 décembre	41
—	XLVII.	Procès-verbal de vérification de caisse et bordereau de situation	41
—	XLVIII.	Pièces à joindre à l'appui du compte de gestion	41
—	XLIX.	Transmission du compte de gestion à la Cour des comptes	42

Nomenclature des pièces justificatives.

1. **Note préliminaire** 45
2. **Justifications** (*Voir Table spéciale, page 47*) 49
3. **Pièces justificatives qui doivent être produites à l'appui des recettes et des dépenses effectuées par les agents comptables :**

   Recettes 69

   Dépenses 71

TABLE DES MODÈLES.

Pages.

1. Budget des Facultés ou établisements assimilés 77
2. Budget des bibliothèques universitaires 81
3. Titre de perception 83
4. Mandat de payement 85
5. Bordereau détaillé des mandats collectifs ou individuels délivrés dans le cours d'une journée. 87
6. Ordre de reversement 89
7. État des sommes à reporter en recettes et en dépenses 91
8. Journal général des crédits: 95
9. Journal général des droits des créanciers 97
10. Journal général des mandats délivrés 99
11. Livre de comptes par nature de dépenses 101
12. Livre de détail spécial des recettes et des dépenses 103
13. Bordereau sommaire des recettes et des payements effectués 107
14. Décompte de la rétribution à allouer à l'agent comptable pour les payements qu'il a effectués 111
15. Bordereau détaillé des titres de perception et des versements effectués 113
16. État des mandats non payés à la clôture de l'exercice 115
17. Bordereau détaillé, par article, des mandats acquittés pendant l'exercice 117
18. Compte de gestion (1re et 2e parties) 119
19. État des propriétés foncière, rentes et créances mobilières 125
20. État des crédits supplémentaires alloués après la fixation du budget 129
21. Bordereau sommaire des marchés passés dans l'année 131
22. État mensuel des sommes payées aux professeurs, fonctionnaires et agents (*retenues pour le service des pensions civiles*) 133
23. État annuel des sommes payées aux professeurs, fonctionnaires et agents (*retenues pour le service des pensions civiles*) 135
24. Bordereau récapitulatif des pièces produites par l'agent comptable à l'appui de son compte de gestion 137
25. Compte de gestion (2e et 1re parties). — *Agent comptable remplacé du 1er janvier au 31 mars.* (Exercice clos.) 141
26. Compte de gestion (2e partie). — *Agent comptable remplacé, soit avant, soit après le 31 mars.* (Exercice courant.) 145
27. Compte de gestion (1re partie). — *Agent comptable installé du 1er janvier au 31 mars.* (Exercice clos.) 149
28. Compte de gestion (2e partie). — *Agent comptable installé, soit avant, soit après le 31 mars.* (Exercice courant.) 153

www.ingramcontent.com/pod-product-compliance
Ingram Content Group UK Ltd.
Pitfield, Milton Keynes, MK11 3LW, UK
UKHW022026170726
13837UKWH00001B/423

9 782329 148953